당신의 운명을 읽는
사주 공부 첫걸음

당신의 운명을 읽는

사주 공부 첫걸음

四柱

曉天 윤득헌 지음

사주를 알면 제대로 된 인생을 살 수 있다!
초보자도 알기 쉽게 정리한 사주 입문서!

U 중앙생활사

책머리에

  삶은 사람마다 다릅니다. 태어난 곳, 자라는 환경이 다릅니다. 생각도, 성향도 다릅니다. 욕망도, 목표도 다릅니다. 의식주도 다릅니다. 직업도 다르고, 돈벌이도 다릅니다. 취미도, 기호도 다릅니다.

  삶은 모두 같기도 합니다. 우선 끝이 같습니다. 살다가 모두 저승 혹은 하늘나라로 갑니다. 삶은 죽음으로 일단 끝납니다. 물론 세속의 관점은 아니지만, 죽음으로 사는 길도 있기는 합니다.

  분명한 것은 삶에는 바꿀 수 있는 운명運命도 있고, 바꿀 수 없는 숙명 宿命도 있다는 사실입니다. 우리의 관심은 아무래도 운명일 것입니다. 부모, 출생지, 생년월일 사주, 죽음 등은 숙명입니다. 물론 양부모를 두거나, 국적 변경, 호적 변경 등의 인위적 변경은 가능할 것입니다. 하지만 본질은 바뀌지 않습니다. 불로장생의 명약이라도 죽음을 피하게 할 수는 없습니다.

4

운명에 대한 관심은 어제오늘의 일이 아닙니다. 인류의 역사 이전 선사시대에도 사람은 점을 쳐서 운명을 개척했습니다. 점치는 방법은 여러 갈래로 발전을 거듭합니다. 사주명리학은 그중 하나로, 논리, 이론, 경험 사례의 축적이 엄청나서 운명 개척의 지침이 될 만합니다.

사주는 바뀌지 않는 것인데, 사주명리학이 운명의 개척에 영향력이 있느냐 하는 문제와 마주하게 됩니다. 그렇습니다. 사주의 구조, 삶의 윤곽을 바꿀 수는 없습니다. 하지만 사주가 꿈쩍도 않는 것은 아닙니다. 대운, 세운이라는 운을 만나면 움직일 수 있습니다. 다만 스스로 변화하는 것은 아닙니다. 사주의 주인공인 명주命主나 조력자의 활동이 중요합니다.

운에는 좋은 운, 나쁜 운이 있고, 운에 어떻게 대응하는지가 운명을 개척하는 열쇠가 됩니다. 사과나무는 싹이 나 자라고 열매를 맺는 삶의 윤곽을 바꿀 수 없습니다. 하지만 봄이라는 운에 좋은 거름을 얻고, 여름이라는 운에 관리를 잘 받으면 실한 열매를 맺습니다. 사과나무는 스스로의 활동과 주인의 적절한 대처로 좋은 결실을 얻는다는 말입니다.

사주명리학의 의의와 묘미가 바로 그것입니다. 사주는 구조상 좋은 사주와 나쁜 사주가 있습니다. 또한 모두 대운과 세운을 만나게 되어 있습니다. 좋은 사주가 좋은 운을 만나면 명주는 소위 대박이 날 기회를 맞은 셈입니다. 하지만 좋은 기회를 살릴지, 그냥 지나칠지는 기회와는 별개의 문제입니다.

재운이 발달한 사주는 구조적으로 재물을 추구하는 게 좋습니다. 그런데 명주가 돈 버는 일에 그다지 관심을 두지 않고 관계 진출을 마음에 두고 있다면, 운에서 재운을 만나도 재물을 획득하기가 어렵습니다. 관운을 만나도 성공하기는 쉽지 않습니다.

사주의 구조에 상응해 운의 흐름에 따르는 것이 순리입니다. 사주는 바꿀 수 없지만, 운을 적절히 활용하는 일은 매우 중요합니다. 삶은 오늘의 일만은 아닙니다. 과거에 이어져 있고, 내일로 달려가는 일입니다. 그러니 운명의 개척을 소홀히 해서는 안 될 것입니다.

이 책은 운명에 관심이 있는 독자를 위해 구성되어 있습니다. 사주의 구조와 논리를 분명하게 알 수 있도록 정리하여 사주명리학의 총론이라 할 수 있습니다. 학문이 아니라 실용적 접근을 기준으로 삼았습니다.

책의 출판을 기꺼이 맡아주신 중앙생활사의 김용주 대표님과 편집진, 원고 작업을 격려해주신 안종선 성보풍수명리학회장님께 감사 인사 드립니다.

曉天 윤득헌

차 례

2부 연구편

1부
기초편

사주팔자와 운명

사주팔자의 의미

태어난 날의 연年·월月·일日·시時를 명리학에서 정한 기준에 의해 표시한 것을 각각 연주年柱·월주月柱·일주日柱·시주時柱라고 하며, 각각 1천간天干, 1지지地支로 이루어진다. 기둥이 4개이므로 사주四柱라 한다. 천간과 지지는 일단 사주의 구성 요소로 이해하면 될 것이다. 연주는 연간과 연지, 월주는 월간과 월지, 일주는 일간과 일지, 시주는 시간과 시지를 의미한다. 따라서 사주는 4천간, 4지지가 된다. 여덟 글자로 이루어졌으므로 팔자八字라고 한다.

운명의 요소

　사주팔자가 같은 사람이 같은 삶을 살 것이라고 보는 것은 단순한 사고방식이다. 사주팔자를 연구하는 기본 목적은 인간의 운명을 파악해 이에 대처하는 것이지만, 인간의 운명은 사주팔자에 의해서만 좌우되는 것은 아니기 때문이다.

　일반적으로 우주 만물은 시간·공간·물질·에너지의 4대 요소로 구성된다고 한다. 인간의 운명도 마찬가지라서, 시간·공간·물질·에너지의 변화와 상호 영향에 따라 운명도 바뀌는 것이다. 사람에게는 수태부터 사망까지의 시간, 생활 경력의 공간, 육체 및 장기와 육친과 친구 등의 외재 물질, 정신 및 영혼과 소리나 전파 등의 외재 에너지가 있다고 할 수 있다. 이러한 운명의 요소를 판단하고 연구하는 학문을 명리학命理學·추명학推命學이라고 한다.

　따라서 사주팔자만으로 운명을 살피는 일은 시간 위주라는 한계가 있다. 하지만 명리학이 사주팔자를 기초로 하는 학문임은 부인하기 어렵다. 명리학은 사주팔자의 영역에 공간, 물질, 에너지 분야를 대입시켜 추명의 확률을 높여왔다고 할 수 있다.

　명리학 3대 고전의 하나로 꼽히는《적천수滴天髓》의 〈출신편〉에도 "격국에 출중한 곳이 없으면서 무리에서 뛰어남이 있는 경우에는 반드시 세덕世德을 궁구할 것이며, 다음으로 산천을 잘 살펴보고, 그런 연후에 사주를 따진다"는 대목이 있다. 사주가 좋지 않은데도 부귀를 이루는 자가 있으면 먼저 가문이 대대로 쌓은 공덕을 살피고, 다음으로 음택을 비롯한 풍수지리를 살펴보며, 그런 다음에 사주를 추명하라는 말이다. 오늘날 우리 사회에 비추어 보아도 맞는 말이다. 그러므로 사람의 운명을 사주팔자로만 판단하기는 어려운 법이다.

역학·역술·사주명리학

역학

역학易學은 간단히 정리하면 중국의 주역周易과 관련한 학문의 총체를 말한다. 하지만 그 영역과 분야가 방대하고 깊이가 심오한 만큼 정의하기도, 이해하기도 매우 어렵다. 다만 역학은 역사적으로 오랜 연구의 산물로서 인문과학, 자연과학, 사회과학 등 학문 분야는 물론 우리 생활과 문화에 크나큰 영향을 미쳤다는 점은 분명하다.

《주역》은 우주 변화의 원리를 기술한 책으로 동양학의 핵심이라고 할 수 있다. 유교 사서삼경의 하나인《역경易經》이라고도 한다. '주역'은 중국 주나라의 역이라는 뜻이다. 역은 불역不易·천역遷易·간이簡易로 풀이된다. 역은 변하지 않기도 하고 변하기도 하며 매우 쉽다는 뜻이다. 불역은 봄·여름·가을·겨울처럼 우주 질서에는 변하지 않는 일이 있다는 것이다. 천역은 같은 봄이라 해도 지난해 봄과 올해 봄은 다르듯 우주 질서는 변하는 일이 있다는 것이다. 간이는 역은 누구나 알 수 있는 일로 쉽다는 의미다.

주나라의 역은 원래 점의 괘卦를 풀이하는 점서였다. 주나라 때는 서죽筮竹으로 점을 쳤다. 통에서 서죽을 뽑아 나누어 홀수가 나오면 양(-), 짝수가 나오면 음(--)으로 하여 괘의 상을 얻는다. 그 괘와 각각의 음과 양을 말하는 효爻를 해설한 것이 《주역》이다. 괘를 해설한 것이 〈괘사卦辭〉, 효를 해설한 것이 〈효사爻辭〉이며, 〈괘사〉와 〈효사〉가 《역경》이다. 《역경》의 해석이나 정신을 설명한 것을 《십익十翼》이라고 하며, 이를 《역전易傳》이라고도 한다. 《역경》의 〈괘사〉는 주나라 문왕이 지었고, 〈효사〉는 문왕의 아들인 주공이 완성했으며, 《십익》은 공자가 지었다고 전해진다. 하지만 점의 영역인 《역경》과 철학의 영역인 《역전》은 많은 전문가들의 견해가 응축된 것으로 보는 견해가 일반적이며, 많은 전문가와 학자의 연구와 해설을 통해 기원전 4세기경에 주역의 형태가 완성된 것으로 본다.

인간이 점을 치는 이유나 방법은 대단히 많을 것이다. 그 역사도 인간의 역사와 궤를 같이할 것이다. 주역 점의 기초가 되는 괘는 5,000년의 역사를 지니고 있으며, 《하도河圖》·《낙서洛書》의 전설에 기초한다. 황하에서 《하도》가 나오고 낙수에서 《낙서》가 나왔다는 전설이 주역 《십익》의 하나인 《계사전》에 있다. 황하의 흙탕물에서 머리는 용이고 몸은 말의 형상인 신비스러운 짐승이 뛰쳐나와 계시를 내렸고, 등에 있는 55개의 점을 복희씨(기원전 2800년 무렵에 살았다는 전설의 인물로 삼황의 하나)가

보고 깨달아 세상에 전했다는 것이다. 복희씨는 선천팔괘先天八卦라고 하는 복희팔괘를 만들었다고 한다. 복희팔괘는 음양과 오행 및 오행의 상생상극의 원리를 보여주고 있으며 후에 주역 64괘로 발전하게 된다. 또 낙수 강가에서 순임금의 명을 받고 9년째 치수 사업을 하던 하우씨(기원전 2070년 무렵 하나라를 창시한 전설적 군주)에게 신령스러운 거북이가 나타났고, 그 등에 45개의 점이 있었다. 하우씨는 이를 보고 깨달아 치수 사업에 성공하고 이를 세상에 전하였으며, 주나라 문왕이 이를 기초로 후천팔괘後天八卦라고 하는 문왕팔괘를 만들었다고 한다.

주역은 그 역사만큼이나 난해하고 복잡하다.《역경》을 괘의 상으로 해석하는 상수학파와 괘의 글자 의미로 해석하는 의리학파 간의 시각차는 꼬리를 물고 견해의 차이를 불러일으켰고, 그 파급 효과는 천문학·건축학·수학·의학·철학·정치학·사회학·민속학·예술 등 수많은 분야에 미쳤다. 그러므로 주역과 관련한 총체적 학문인 역학을 한마디로 말하기는 대단히 어려운 일이다.

역술

유가儒家에서는《역경》을 3경의 하나로 볼 만큼 중시한다.《역경》은 주나라 시대의 점서가 아니라 우주 만물의 심오한 진리와 철학적 이치가 담긴 책으로, 연구와 해석을 가벼이 하지 않는다. 반면 역학은 점을 치거나 운명을 추론하거나 풍수지리로 길지를 택하는 등의 일과는 급이 다르다고 보며, 이런 것은 역학이 아니라 지엽적이고 기술적인 문제인 역술이라고 본다.《주역》을 해석한 정자程子의 말은 이를 분명히 보여준다. 정자는《정전程傳》〈역설강령易說綱領〉에서 "이치가 있은 뒤에 상이 있고, 상이 있은 뒤에 수가 있으니, 역은 상으로 인해 수를 아는 것이다. 의를 알면 상, 수는 그 가운데 있다. 의는 유가에서 힘쓰는 길이다. 상의 은미함과 수의 세미함을 추구하는 것은 술가에서 숭상하는 것이다"라고 했다. 즉, 유가와 술가의 길은 다르다는 말이다.

학은 학문이고, 술은 학문의 체계를 이루지 못한 술법, 즉 기술이다. 술법은 종류가 대단히 많지만, 대부분 보편적인 이론 체계를 갖추지 못한다. 사람의 운명을 사주로 보는 사주명리학은 자평명리학子平命理學·기문명리학奇門命理學·자미두수紫微斗數·당사주唐四柱 등이 있으며, 그중 생일을 기준으로 보는 자평명리학은 투파명리학·맹파명리학·여씨명리학 등으로 나뉘는데 논리 체제와 방법론이 제각각이다. 더구나 같은 파에 속한다고 해도 개인적 견해에 따라 달리 해석하므로, 역술이 학문의 영역으로 편입되기는 힘들 것이다.

역술이 학문이 되긴 어렵지만 그 효용성까지 의심스러운 것은 아니다. 역술은 각각의 독특한 해석 방식에 기초하여 인간의 생활에 지대한 영향을 미쳐왔다. 제도권 학문 분야에서 역술은 비논리적이고 비과학적이라고 비판하지만, 역술 분야에서는 이를 받아들이지 않는다. 종류별로 나름대로의 논리를 구축하고 있으며, 무엇보다 그 논리의 기반이 오랜 기간에 걸친 수많은 사례의 통계 결과물이기 때문이다.

동양학에서는 역술을 크게 다섯 가지로 나누는데, 명命·복卜·상相·산山·의醫를 동양 5술이라고 지칭한다.

명은 사람의 운명을 추단하는 분야다. 명리학은 사람이 태어난 연월일시에 맞춰 구성된 사주를 기초로 운명의 흐름과 길흉화복을 추명하는 것이다. 명에 관한 역술에는 자미두수·성평회해星平會海·기문명리학 등이 있으나, 오늘날에는 성행하지 않는다.

복은 점술이다. 점술은 천문지리의 자연 법칙인 역법을 바탕으로 길흉화복과 미래를 예측하는 역술이다. 그러므로 역술이란 점에서 무속인의 신점神占과는 다르다. 복에는 육임六壬·육효六爻·기문둔갑奇門遁甲·하락이수河洛理數·매화역수梅花易數·태을신수太乙神數·시간점時間占·오주괘五柱卦·파자점破字占 등이 있다.

상은 형상을 파악해 길흉화복과 미래를 추단하는 역술이다. 사람의 얼굴이나 손금으로 판단하는 관상, 수상과 음택과 양택 등으로 생활과 미래를 추론하는 풍수지리가 있다. 이름의 상으로 판단하는 성명학도 이에 속한다.

산에 관한 역술은 산의 정기를 받는 심신 수련을 통해 선인의 경지에 오르는 것을 목표로 하는 분야다. 깊은 산에서 호흡법과 식이법으로 체력을 증진하는 양생養生이 대표적이다.

의는 질병 치료에 관한 분야다. 오늘날에는 의학으로 발전했으므로, 의의 역술 분야는 민간요법으로 볼 수 있을 것이다.

사주명리학

명리학의 역사는 사람이 점을 치기 시작한 때로 거슬러 올라간다. 고대 중국에서는 뼈를 이용해서, 고대 로마에서는 새를 이용해서 점을 쳤다고 한다. 동양에서는 고대 점술에서 천문지리의 원리에 기초한 음양오행과 팔괘를 이용한 점술로 발전했다.

사람이 태어난 연월일시를 기초로 운명을 추론하는 역술인 사주명리학의 탄생은 명리학의 새로운 기원으로 볼 수 있다. 사주와 팔자의 음양오행을 다양한 방법으로 풀이해 운명을 추론하는 방식은 명리학의 논리와 효율을 완전히 새롭게 했기 때문이다.

사주명리학의 출현은 중국 당나라 시대로 보는 게 일반적이다. 당나라의 이허중李虛中, 761~813이 전국시대에 귀곡자鬼谷子가 지은 《귀곡자유문鬼谷子遺文》에 주석을 붙인 《이허중명서李虛中命書》에서 연월일시 사주를 추명하면서 사주명리학이 자리 잡기 시작했다고 본다. 물론 사주라는 용어가 《귀곡자유문》에 등장한다는 점에서 사주명리학의 역사는 당나라 이전으로 볼 수도 있을 것이다. 이허중은 연年을 위주로 추명했다. 따라서 연을 위주로 추명하고 오늘날에도 활용되는 《당사주》의 저자가 이허중이라는 설도 있다.

사주명리학에 일간을 중심으로 추명하는 체제 변화를 꾀한 사람이 당송唐宋 과도기인 오대五代와 송나라 시대의 서자평徐子平이다. 서자평은 《연원淵源》에서 일간 중심으로 다른 글자들과의 관계를 해석해야 한다는 획기적인 이론을 제시했다. 그리고 300여 년 뒤 송나라 후대에 서승徐升은 《연해淵海》·《연해자평淵海子平》·《연해자평평주淵海子平評註》를 잇달아 내면서 일간을 중심으로 추명하는 명리학을 체계화했다. 오늘날 명리학이라면 자평명리학을 뜻하는 것도 이 때문이다.

자평명리학은 명나라·청나라 시대에 다양한 논리와 분석을 통해 완전히 자리 잡게 된다. 명리학의 3대 보서寶書로 불리는 《적천수滴天隨》·《자평진전子平眞詮》·《궁통보감窮通寶鑑》(원명 난강망欄江網)을 비롯해 수많은 명저들이 탄생하게 된다.

우리나라의 명리학 역사는 가름하기 쉽지 않다. 고려 때 천문·지리·측후 등의 일을 관장했던 서운관書雲觀이란 관청이 있었고, 조선에서도 고려를 따라 서운관을 만들었다가 세조 12년(1466년) 관상감觀象監으로 개칭했다. 관상감에는 추길관諏吉官·훈도訓導 등의 관원이 있었고, 성종 2년(1471년) 과거시험 중 잡과의 하나인 음양과에는 명과학·천문학·지리학의 전문인이 응시했다는 기록을 참고해볼 법하다. 음양과가 세부 전공별로 나뉜 것은 숙종 39년(1713년)이었고, 영조 23년(1747년)부터 명과학 전공 합격자가 나왔으며 시험 과목과 방법도 구체화되었다. 하지만 시험 과목의 서적은 중국 문서나 편역판이었고, 우리네 서적은 전해지는 게 없다는 아쉬움이 있다. 우리나라의 명리학 서적은 해방 이후에 출간되기 시작했다.

음양·오행

음양

학설

우주에는 두 개의 기본 힘이 있다. 정正과 반反, 다시 말해 양의 힘과 음의 힘이 있다. 이것이 양력陽力과 음력陰力이다. 양력과 음력은 우주 만물을 생성하고 변화시킨다. 양력은 작은 물질을 생장시켜 크게 만들고, 음력은 큰 것을 분화시켜 작게 만든다.

음력의 제동이 없다면 만물은 양력의 추동으로 끝없이 커지고 분화·팽창되며 죽지도 않을 것이다. 만일 한 그루의 나무가 우주를 온통 채울 정도로 자라고 번식한다면 우주는 가득 차서 폭발하여 결국 소멸하게 될 것이다. 반대로 양력이 없고 음력만 있다면 우주는 훼손이 가속화될 것이다. 그래서 옛 사람들은 두 가지 힘의 규율을 음양이라고 명했다.

중국 고대 하나라 때 형성된 음양학설은 모든 사물은 대립과 통일이라는 두 가지 성향을 포함한다고 본다. 천지天地·고저高低·남녀男女와 같이 음양은 상관관계의 사물로, 혹은 하나의 사물에서 두 가지 속성을 갖고 존재한다. 음양은 대립과 통일을 지향하는 운동을 통해 변화한다. 음양 관계는 교감·대립 제약·상호 의존·평형 지향·상호 전화 등의 특징을 갖고 있다.

음과 양이 복잡한 상호작용을 서로 인지하며 활동하는 것이 교감이다. 음양의 교감은 만물의 생성과 변화의 전제다.

음과 양의 기본 성질은 상과 하, 수와 화 등과 같이 대립과 모순이다. 대립적 속성 아래 음양이 존재하며, 서로 억제하고 구속하고 변화한다. 음이 강하면 양이 약하고, 양이 이기면 음이 지는 형태의 움직임이 음양의 대립 제약 관계다.

음양은 한쪽이 상대방을 떠나 단독으로 존재할 수 없다. 상이 없으면 하가 없는 것과 같다. 음양은 상호 의존의 기초 아래 서로 양육하고 이용하는 특징이 있다.

음양은 음감양증·양증음감 등으로 증대하고 감소한다. 음양의 증감은 상대방을 무너뜨리지 않고 상대방이 쉽게 알아차리지 못할 정도의 일정한 범주에서 이루어진다. 음양의 운동은 평형을 지향하는 변화다.

음양은 서로 상대방 쪽으로 바뀔 수도 있다. 사물은 음양의 특성이 있지만, 음양이 불변인 것은 아니다. 증대와 감소의 변화가 한계치에 도달하면 바뀔 수 있는데, 이를 음양 전화陰陽轉化라고 한다. 음양의 증감은 양적 변화이고, 음양의 전화는 질적 변화다.

음양과 명리학

명리학에서는 사람의 길흉화복을 출생 시 음양의 두 기운이 왕쇠旺衰하는 것으로 판단한다. 추명의 여러 가지 기법은 모두 사주팔자의 음기와 양기의 유통과 변화에서 시작한다.

사주팔자에서 음양의 왕쇠는 천간과 지지의 기운으로 파악한다. 명리학에서는 하늘의 기운을 천간, 땅의 기질을 지지라고 하고, 천간은 10개, 지지는 12개의 부호로 정해놓았다. 그리고 천간 10개와 지지 12개의 음양 속성을 정했다. 천간과 지지는 물론 만물의 속성을 다섯 가지로 표현한 오행의 특성도 포함하고 있다.

천간은 갑·을·병·정·무·기·경·신·임·계甲乙丙丁戊己庚辛壬癸이고, 지지는 자·축·인·묘·진·사·오·미·신·유·술·해子丑寅卯辰巳午未申酉戌亥다. 10천간 중 갑·병·무·경·임은 양이고, 을·정·기·신·계는 음이다. 12지지 중 자·인·진·오·신·술은 양이고, 축·묘·사·미·유·해는 음이다.

오행

학설

오행五行은 금·목·수·화·토라는 5종의 원소를 가리킨다. 오행학설은 도가道家에서 처음으로 나타난다. 도가에서는 전체적인 관점에서 사물의 구성과 운동 형식을 설명했다. 음양학설이 '대립 통일론'이라면, 오행학설은 '계통 순환론'이라 할 수 있다.

중국 서주(기원전 11세기~기원전 772년) 말년에 오재설五材說이 등장한다.《국어國語》에서는 토·금·목·수·화로 만물이 이뤄진다고 하였다.《좌전左傳》에서는 하늘은 5재를 생하고, 백성은 그것을 이용한다고 하였다.《홍범洪範》에서는 오행의 수는 윤하潤下, 화는 염상炎上, 목은 곡직曲直, 금은 종혁從革, 토는 가색稼穡이며, 윤하는 짜고鹹 염상은 쓰고苦 곡직은 시고酸 종혁은 맵고辛 가색은 달다甘고 했다. 그러므로 오행학설은 서주와 춘추전국시대부터 발현되었다고 할 수 있다. 전국시대(기원전 476~기원전 221년)의 의서《황제내경黃帝內經》에서는 오행학설을 의학에 응용하여 중의학 특유의 이론 체계를 형성하였다.

오행의 의의

오행은 다섯 개의 부호로 사물을 분류하는 개념으로, 자연 물질의 특성을 목·화·토·금·수로 나눈다. 명리학에서의 오행은 물질이 갖는 특성을 뛰어넘어 광범위한 의미를 지닌다.

오행은 무형의 '기'와 유형의 '질'로 구성된다. 우주의 특성과 운동 규칙에 따라 목·화·토·금·수가 이뤄지고, 이는 나무·불·흙·금속·물과 같은 좁은 의미의 사물만이 아니라 그러한 속성을 가진 사물 모두를 대표한다. 곡직·성장의 특성을 가진 기와 질은 자연계의 목의 특성에 부합하므로 모두 목으로 대표한다. 염상·온난·향상·광명의 특성을 가진 기와 질은 화의 특성에 부합하므로 모두 화로 대표한다. 포용·수장收藏·후중厚重의 특성을 가진 기와 질은 토의 특성에 부합하므로 모두 토로 대표한다. 강경·숙살肅殺 등의 특성을 가진 기와 질은 금의 특성에 부합하므로 모두 금으로 대표한다. 윤하·유동·변화 등의 특성을 가진 기와 질은 수의 특성에 부합하므로 모두 수로 대표한다.

오행의 세계는 상생·상극의 변화가 있고, 상생·상극은 기의 변화를 의미한다. 이는 자연계 사물의 변화를 뜻하는 것은 아니다. 예를 들어, 금생수는 금기와 수기가 상생한다는 의미이지, 자연계의 금속이 물과 상생해 금속이 가열되면 물을 변화시킨다고 해석해서는 안 된다.

오행의 속성

목의 근본은 인仁이다. 성격은 곧으며直, 본질은 합和하는 것이다. 생장하고 발달하며 뻗어나가는 성질의 물질은 모두 목에 속한다고 할 수 있다. 목은 곡직이라 한다. 곡은 굽히고, 직은 펴는 것이다. 따라서 목은 굴신하는 특징이 있다. 나무는 줄기가 곧게 위로 생장하고, 가지는 구부러지며 무성해지고 바람에 흔들리기도 한다.

화의 근본은 예禮다. 성격은 급하며急, 본질은 공손하다恭. 온열이 있고 솟아오르는 성질의 물질은 모두 화에 속한다고 할 수 있다. 화는 염상이라 한다. 염은 열이고, 상은 위로 솟는 것이다. 화는 연소하며 빛을 발하고 열을 낸다. 화염은 위로 난무하고, 열은 사방으로 흩어진다. 따라서 화는 열을 내고 위로 오르는 성질이 있다.

토의 근본은 신信이다. 성격은 무겁고重, 본질은 두텁다厚. 받아서 쌓고 살리고 수납하는 성질의 사물은 모두 토에 속한다고 할 수 있다. 토는 가색이라 한다. 가는 파종하는 것이고, 색은 수확하는 것이다. 토는 곡식을 심고 오곡을 수확하며 만물을 생장하는 작용을 한다. 따라서 토는 사방에 존재하고, 만물의 어머니가 되는 것이다.

금의 근본은 의義다. 성격은 굳세고剛, 본질은 세차다烈. 청결하고 숙살의 기운이 있으며 수렴하는 성질의 사물은 모두 금에 속한다고 할 수 있다. 금은 종혁이라 한다. 종은 순종하고 복종하는 것으로 금의 유화 특성을 드러내는 것이다. 혁은 변혁·개혁으로 굳세고 강한 특성의 표현이다.

수의 근본은 지智다. 성격은 총명하고, 본질은 착하다. 한냉하고 촉촉하게 젖어 있으며 유순하게 하향하는 성질의 사물은 모두 수에 속한다고 할 수 있다. 수는 윤하라고 한다. 윤은 습한 것이고 하는 아래로 향하는 것이다.

오행과 명리학

명리학에서 오행의 유통은 운의 변화를 판단하는 기초가 된다. 목·화·토·금·수는 운의 변화에 따라 끊임없이 움직이며 천간과 지지 사이를 오간다. 그래서 행行이라고 한다.

오행의 유통을 추명의 기초로 활용하는 것은 오행에 상생·상극의 관계가 있기 때문이다. 상생은 수생목·목생화·화생토·토생금·금생수의 관계다. 상극은 목극토·토극수·수극화·화극금·금극목의 관계다. 이를 오행의 생극이라고 한다. 명리학에서는 오행의 생극 관계를 통해 운의 변화를 파악한다.

10천간 중 갑·을은 목, 병·정은 화, 무·기는 토, 경·신은 금, 임·계는 수로 배속돼 있다. 12지지 중 인·묘는 목, 사·오는 화, 진·술·축·미는 토, 신·유는 금, 해·자는 수로 배속돼 있다.

천간·지지

천간

천간天干은 하늘의 기운을 10개의 부호로 정한 것으로, 10천간·10간이라고도 한다. 천간의 글자가 갑·을·병·정·무·기·경·신·임·계의 10개인 까닭이다.

천간은 사주 기둥의 위쪽에 위치한다. 천간은 하늘에 속하기 때문에 땅의 위치인 아래쪽에는 내려갈 수 없다.

천간의 글자는 각각 음양과 오행에 해당한다. 음양의 양은 갑·병·무·경·임이 되고, 음은 을·정·기·신·계가 된다. 오행의 목은 갑·을, 화는 병·정, 토는 무·기, 금은 경·신, 수는 임·계가 된다. 따라서 10간의 갑은 양목, 을은 음목, 병은 양화, 정은 음화, 무는 양토, 기는 음토, 경은 양금, 신은 음금, 임은 양수, 계는 음수가 된다.

천간은 만질 수도 없고 볼 수도 없는 기운이다. 천간의 형상體과 움직임用은 10개 글자 각각에 음양과 오행을 배속시킴으로써 가능해진다. 10천간을 부호의 의미로 보는 것도 그래서다. 갑은 음양의 양이고, 오행의 목이다. 을은 음양의 음이고, 오행의 목이다. 갑과 을은 같은 목이지만, 음양이 다르므로 그 형상과 움직임이 분명하게 차별화된다. 음양과 오행의 변화에 따라 갑목과 을목이 다른 형상과 움직임을 보이듯, 병화와 정화, 무토와 기토, 경금과 신금, 임수와 계수도 그 형상과 움직임이 다르다.

천간의 움직임은 주변의 변화에 따라서도 다르게 나타난다. 같은 갑목이라고 해도 따뜻한 봄에 태어난 갑목과 쌀쌀한 가을에 태어난 갑목은 형상과 움직임이 다르게 나타난다. 천간은 주변의 음양과 오행의 다름에 따라 다양한 모습을 보이게 된다.

천간의 움직임은 다른 천간과의 관계에서도 일어난다. 천간은 하늘의 기운이므로 천간과의 관계에서만 합合·충沖·생生·극剋 등의 변화가 나타난다. 또한 땅의 변화에 영향을 미치기도 한다.

천간은 하늘의 기운이라는 점에서 움직임은 기화氣化성이 높으며, 상징적이고 정신적인 면이 강하게 나타난다. 천간에 관해서는 뒤의 '천간 지지론'에서 조금 더 깊이 살펴본다.

10간 음양·오행 관계

	갑	을	병	정	무	기	경	신	임	계
음양	양	음	양	음	양	음	양	음	양	음
오행	목	목	화	화	토	토	금	금	수	수

지지

지지地支는 땅의 기질을 12개의 부호로 정한 것으로, 12지지·12지라고도 한다. 지지의 글자가 자·축·인·묘·진·사·오·미·신·유·술·해의 12개인 까닭이다.

지지는 사주 기둥의 아래쪽에 위치한다. 지지는 땅에 속하기 때문에 하늘의 위치인 위쪽에는 올라갈 수 없다.

지지의 글자는 각각 음양과 오행에 배속된다. 음양의 양은 자·인·진·오·신·술은 양이 되고, 축·묘·사·미·유·해는 음이 된다. 오행의 목은 인·묘, 화는 사·오, 토는 진·술·축·미, 금은 신·유, 수는 해·자가 된다. 따라서 12지지의 자는 양수, 축은 음토, 인은 양목, 묘는 을목, 진은 양토, 사는 음화, 오는 양화, 미는 음토, 신은 양금, 유는 음금, 술은 양토, 해는 음수가 된다.

12지지는 각각 음양과 오행의 배속에 따라 기본적인 역할을 한다. 또 일상생활과 밀접한 방위와 계절의 배속에 따라 움직임이 달라진다. 12지지는 3개씩 연결되어 인·묘·진은 동쪽과 봄, 사·오·미는 남쪽과 여름, 신·유·술은 서쪽과 가을, 해·자·축은 북쪽과 겨울에 배속된다. 또한 12지지는 각각 월에 배속되어 인은 1월, 묘는 2월, 진은 3월, 사는 4월, 오는 5월, 미는 6월, 신은 7월, 유는 8월, 술은 9월, 해는 10월, 자는 11월, 축은 12월이 된다. 명리학에서 월은 양력, 음력이 아닌 절기력의 월이다. 절기력은 입춘·우수와 같은 24절기를 말한다. 절기력에 관해서는 '명리학역법과 천문'에서 구체적으로 살펴본다.

지지는 땅의 기질이라는 점에서 움직임은 활동성이 높다. 움직임이 기화적인 천간보다 매우 구체적이고, 육체적인 면이 강하게 나타난다. 또한 지지간의 관계에 따른 변화뿐 아니라 천간과의 관계에 따른 역할과 역량 그리고 움직임이 매우 다양하다.

더구나 지지는 지장간地藏干이라고 하는 천간의 기운을 갖고 있어서 지장간의 작용과 변화 역시 세심하게 살펴보아야 한다. 지장간에 관해서는 7장에서, 지지에 관해서는 '천간론·지지론'에서 조금 더 자세히 살펴본다.

12지지 음양 · 오행 · 방위 · 계절 · 월

	인	묘	진	사	오	미	신	유	술	해	자	축
음양	양	음	양	음	양	음	양	음	양	음	양	음
오행	목		토	화		토	금		토	수		토
방위	동			남			서			북		
계절	봄			여름			가을			겨울		
월	1	2	3	4	5	6	7	8	9	10	11	12

60갑자

천간과 지지는 상하로 짝을 이루며 이를 갑자甲子라고 한다. 갑자는 천간과 지지가 결합하므로 간지라고도 한다. 갑자는 천간이 갑으로부터 시작하고 지지는 자로부터 시작해 짝을 이루기 때문에 나온 말이다.

갑자의 배합은 천간 갑부터, 지지 자부터 차례로 짝을 이루게 된다. 중요한 점은 양의 천간은 양의 지지와 배합되며 음의 천간은 음의 지지와 짝을 이룬다는 것이다.

천간은 10가지, 지지는 12가지이며 같은 음양끼리 짝을 이루므로 천간을 6번, 지지를 5번 배합하면 천간의 마지막인 계와 지지의 마지막인 해가 만나는 계해가 갑자의 마지막이 되며, 순서로는 60번째가 된다. 60갑자는 천간·지지의 짝이 60개라는 말이다.

이러한 간지의 배합을 통해 연주·월주·일주·시주의 사주가 구성된다. 60갑자는 각기 다른 음양과 오행의 속성을 갖게 되므로 사주는 그야말로 다양하게 나타난다. 사주명리학은 연·월·일·시의 음양오행·기후변화·사주 간의 관계 등을 분석해 질병·운세를 포함한 운명을 추론하는 것이다.

천간 기준으로 본 60갑자

甲子 乙丑 丙寅 丁卯 戊辰 己巳 庚午 辛未 壬申 癸酉
甲戌 乙亥 丙子 丁丑 戊寅 己卯 庚辰 辛巳 壬午 癸未
甲申 乙酉 丙戌 丁亥 戊子 己丑 庚寅 辛卯 壬辰 癸巳
甲午 乙未 丙申 丁酉 戊戌 己亥 庚子 辛丑 壬寅 癸卯
甲辰 乙巳 丙午 丁未 戊申 己酉 庚戌 辛亥 壬子 癸丑
甲寅 乙卯 丙辰 丁巳 戊午 己未 庚申 辛酉 壬戌 癸亥

음양·오행 관계(10성)

사주에서 음양·오행의 생극 관계를 이르는 대명사를 묶어서 10성+星이라고 한다. 10성은 일주의 일간을 기준으로 만나게 되는 음양·오행이 10개이고 각각 다른 명칭을 갖고 있어서 나온 말이다. 나와 같은 오행은 비견比肩·겁재劫財, 내가 생하는 오행은 식신食神·상관傷官, 내가 극하는 오행은 정재正財·편재偏財라고 하며, 나를 극하는 오행은 정관正官·편관偏官,七殺, 나를 생하는 오행은 정인正印·편인偏印,梟神이라고 한다.

나와 같은 오행의 관계로 양과 양, 음과 음이 만나면 비견이다. 양과 음, 음과 양이 만나면 겁재다. 내가 생하는 오행의 관계로 양이 양, 음이 음을 생하면 식신이다. 양이 음, 음이 양을 생하면 상관이다. 내가 극하는 오행의 관계로 양이 양, 음이 음을 극하면 편재다. 양이 음, 음이 양을 극하면 정재다. 나를 극하는 오행의 관계로 양이 양, 음이 음을 극하면 편관이다. 양이 음, 음이 양을 극하면 정관이다. 나를 생하는 오행의 관계로 양이 양, 음이 음을 생하면 편인(효신)이고, 양이 음, 음이 양을 생하면 정인이다. 지지의 화(오·사)와 수(해·자)는 음양을 바꾸어 쓴다. 화와 수의 체용體用을 바꿔 쓰는 이유는 불과 물의 성질에 따른 것이다.

10가지를 풀이하므로 10성론＋星論 또는 10신론＋神論, 가족 관계에 대입하여 풀이한다고 하여 육친론六親論 또는 육신론六神論으로 부른다. 10성론은 2부 연구편 중 5장에서 자세히 살펴본다.

10성 관계 조견표(굵은 글자가 일간)										
	비견	겁재	식신	상관	편재	정재	편관	정관	편인	정인
갑	갑인	을묘	병사	정오	무진·술	기축·미	경신	신유	임해	계자
을	을묘	갑인	정오	병사	기축·미	무진·술	신유	경신	계자	임해
병	병사	정오	무진·술	기축·미	경신	신유	임해	계자	갑인	을묘
정	정오	병사	기축·미	무진·술	신유	경신	계자	임해	을묘	갑인
무	무진·술	기축·미	경신	신유	임해	계자	갑인	을묘	병사	정오
기	기축·미	무진·술	신유	경신	계자	임해	을묘	갑인	정오	병사
경	경신	신유	임해	계자	갑인	을묘	병사	정오	무진·술	기축·미
신	신유	경신	계자	임해	을묘	갑인	정오	병사	기축·미	무진·술
임	임해	계자	갑인	을묘	병사	정오	무진·술	기축·미	경신	신유
계	계자	임해	을묘	갑인	정오	병사	기축·미	무진·술	신유	경신

천간·지지 관계(합·충·형·해·파)

10천간은 각각 특유의 성질을 갖고 있다. 천간은 각각 독립적이긴 하지만 서로 마주치면 모르는 척 지나가는 관계는 아니다. 만나서 서로 합해 변화하기도 하고, 서로 충돌하여 사주에 영향을 미치기도 한다. 이를 천간의 합충合冲이라고 한다.

12지지 역시 마찬가지다. 하지만 지지가 만나 변하는 사례와 정도는 천간을 훨씬 능가한다. 지지는 합·충·형刑·해害·파破 등으로 사주에 큰 영향을 미친다.

천간·지지의 합·충·형·해·파는 명리학의 기본 이론이다. 합·충·형·해·파의 관계는 천간은 천간끼리, 지지는 지지끼리의 관계다.

우선 천간·지지의 합·충·형·해·파의 개요를 살펴보고, '합충론'에서 상세하게 다룬다.

천간의 합충 관계

천간합

천간의 합은 오행의 상극 원리에 따라 이뤄진다. 상극의 관계이지만 음양이 다르기 때문에 유정한 관계가 형성되어 서로 합해 변화한다는 말이다. 양간과 음간이 만나 성질이 변하는 것이니 남녀가 만나는 이치와 같다고 할 것이다.

천간합의 종류는 갑기합토甲己合土 · 을경합금乙庚合金 · 병신합수丙辛合水 · 정임합목丁壬合木 · 무계합화戊癸合火 등 다섯 가지다.

일간이 양인 경우의 합은 모두 정재와 합하게 되며, 일간이 음인 경우의 합은 모두 정관과 합하게 된다.

갑기합은 갑은 양목이고 기는 음토로서 목극토의 관계이지만, 음양이 다르기 때문에 서로 호흡을 맞춰 토로 화한다. 갑기합은 신뢰의 관계가 형성된다는 뜻으로 중정지합中正之合이라고 한다.

을경합은 을은 음목이고 경은 양금으로 금극목의 관계이지만, 음양이 다르기 때문에 서로 호흡을 맞춰 금으로 화한다. 을경합은 인의지합仁義之合이라고 한다.

병신합은 병은 양화이고 신은 음금으로 화극금의 관계이지만, 음양이 다르기 때문에 서로 호흡을 맞춰 수로 화한다. 병신합은 위세지합威勢之合이라고 한다.

정임합은 정은 음화이고 임은 양수로 수극화의 관계이지만, 음양이

다르기 때문에 서로 호흡을 맞춰 목으로 화한다. 정임합은 인수지합人壽之合이라고 한다.

무계합은 무가 양토이고 계가 음수로 토극수의 관계이지만, 음양이 다르기 때문에 서로 호흡을 맞춰 화로 화한다. 무계합은 무례지합無禮之合이라고 한다.

천간충

천간의 상충 역시 오행의 상극 원리에 따라 이뤄진다. 예를 들어, 갑은 양목이고 경은 양금으로서 금극목인데, 음양이 같고 방향이 반대이므로 서로 충돌한다.

천간충은 갑경충·을신충·병임충·정계충 등이 있다. 무기는 중앙이므로 충하지 않는다.

투합 · 쟁합

천간의 합 중 일양이음은 투합妬合, 일음이양은 쟁합爭合이라고 한다.

예를 들어, 천간 임이 양쪽으로 정과 합하면 쟁합이다. 또 천간 정이 양쪽으로 임과 합하면 투합이다.

쟁합·투합의 실제 양상은 다르지 않으므로 둘을 구분하지 않고 쌍합雙合으로 하자는 견해도 있다.

지지의 합충 관계

지지 6합

자·축 합화 음토, 인·해 합화 양목, 묘·술 합화 음화, 진·유 합화 양금, 사·신 합화 음수, 오·미 합화 양성화와 음성토가 있다.

지지 3합국

신·자·진 3합국合局 음수, 해·묘·미 3합국 양목, 인·오·술 3합국 음화, 사·유·축 3합국 양금이 있다. 일반적으로 신·자·진 수국, 해·묘·미 목국, 인·오·술 화국, 사·유·축 금국이라고 한다.

지지 방합국

인·묘·진 방합국方合局 동방 목기, 사·오·미 방합국 남방 화기, 신·유·술 방합국 서방 금기, 해·자·축 방합국 북방 수기가 있다.

지지 반합

3합국과 방합국 중 가운데 글자인 자·오·묘·유를 포함해 양쪽에 한 자씩만 있는 합을 반합半合이라고 한다. 반3합국·반방합국이라고도 한다. 반방합국은 기가 분산되어 영향력은 미미하다.

지지 6충

자·오 상충, 축·미 상충, 인·신 상충, 묘·유 상충, 진·술 상충, 사·해 상충이 있다.

지지 형

3형은 인·사·신(인형사·사형신·신형인), 축·술·미(축형술·술형미·미형축)가 있다.

상형은 자·묘(자형묘·묘형자)가 있다.

자형은 진·오·유·해(진형진·오형오·유형유·해형해)가 있다.

지지 6해

자·미 상해, 축·오 상해, 인·사 상해, 묘·진 상해, 신·해 상해, 유·술 상해가 있다.

지지 6파

자·유 상파, 축·진 상파, 인·해 상파, 묘·오 상파, 사·신 상파, 술·미 상파가 있다.

지장간

지장간의 의미

지지 속에 감춰져 있는 천간의 기운을 지지장간地支藏干이라고 한다. 지장간·암장暗藏·장간藏干이라 하기도 한다.

천간은 하늘을 대표하고 지지는 땅을 대표한다. 그러면 사람을 대표하는 부호는 무엇인가? 사람은 하늘과 땅의 기운을 받아 태어나고 생활하므로 사람을 대표하는 부호는 인원人元 또는 지지장간이라고 한다. 지지장간은 땅에 숨어 있는 하늘의 기운이기 때문이다. 지장간은 지지별로 2~3개의 천간으로 구성되어 있다. 지장간은 사주에 매우 다양한 영향을 미친다.

지장간은 태어난 달(사주에서 기준으로 하는 절기력의 달)의 날짜에 따라 초기初氣·중기中氣·정기正氣로 구분한다. 기간을 기준으로 하므로 기期가 옳겠지만, 기운의 변화라는 점에서 기氣를 쓴다.

초기는 새로운 달이 시작되는 입절立節 이후 중기 시작 전까지의 기운으로, 이 기간에 태어난 사람을 초기생이라고 한다. 초기는 달이 바뀌기 전 달의 기운이 남아 있기 때문에 여기餘氣라고도 부른다.

중기는 초기 이후 정기 시작 전까지의 기운으로 이 기간에 태어난 사람을 중기생이라고 한다. 초기와 정기에 비해 세력이 약하므로 변화를 추구하는 성질이 있다.

정기는 중기 이후 새로운 입절까지의 기운으로 이 기간에 태어난 사람을 정기생이라고 한다. 정기는 본기本氣라 하기도 한다. 정기는 초기·중기보다 기간이 길며 그 달의 기운이 가장 왕성한 때이므로 다음 달의 초기에도 영향을 미친다.

지장간은 계절에 따라서도 기운이 다르다. 봄·여름·가을·겨울의 절기가 시작되어 기운이 성해지는 달을 생지生支, 절기의 기운이 넘치는 달을 왕지旺支, 절기가 저물며 기운이 쇠해지는 달을 고지庫支 또는 멸지滅支라고 이른다.

봄이 시작되는 인월, 가을이 시작되는 신월, 여름이 시작되는 사월, 겨울이 시작되는 해월이 생지다. 겨울의 기운이 성해지는 자월, 여름의 기운이 성해지는 오월, 봄의 기운이 성해지는 묘월, 가을의 기운이 성해지는 유월은 왕지다. 봄의 기운이 쇠하는 진월, 가을의 기운이 쇠하는 술월, 겨울의 기운이 쇠하는 축, 여름의 기운이 쇠하는 미월은 고지다.

지장간의 역량은 월지·연지·일지·시지의 순이다. 월지 지장간 중 정기가 그 힘이 가장 강하다. 초기가 다음이고, 중기의 힘이 가장 약하다.

지장간의 분류

지장간은 적용하는 데 따라 월령용사月令用事와 인원용사人元用事로 구분할 수 있다.

월령용사는 월지의 지장간을 절입일로부터 기후 변화를 일수로 바꾸어 초기·중기·정기에 배속하는 주기율週期律이다. 월률분야月律分野라고도 한다.

월령용사는 월의 성격도 고려해 지장간 일수를 나눈다. 사계절별 시작인 인·신·사·해월은 생지, 계절의 기운이 왕성한 자·오·묘·유월은 왕지, 계절의 기운이 마무리되는 진·술·축·미월은 고지로 하고, 지장간에 배속되는 일수를 나눈다.

인·신·사·해월인 생지의 지장간은 초기·중기·정기의 일수를 7·7·16일로 나눈다. 자·오·묘·유월인 왕지의 지장간은 초기·정기의 일수를 10·20일(오의 초기·중기·정기 일수는 10·9·11)로 나누고, 진·술·축·미월인 고지의 지장간은 초기·중기·정기의 일수를 9·3·18일로 나눈다.

예를 들어 인월은 절입일인 입춘으로부터 초기 7일은 무, 중기 7일은 병, 정기 16일은 갑이 지장간 활동을 하는 것이다. 초기 7일간의 무는 전월인 축월의 정기인 기의 영향을 받는다는 의미이고, 정기 16일간의 갑은 인월과 천간 기운(같은 오행)이 드러나고 다음 달인 묘월의 초기에 영향을 미쳐 묘월의 초기는 갑이 되는 것이다.

인원용사는 기후 변화와는 관계없이 지지 속에 있는 순수한 천간의 기운을 의미한다. 쉽게 말하면 월지 이외의 지장간이다. 지장간의 암합을 살펴 추명에 활용한다.

월령용사 지장간 표

	자	축	인	묘	진	사	오	미	신	유	술	해
초기	임 10	계 9	무 7	갑 10	을 9	무 7	병 10	정 9	무 7	경 10	신 9	무 7
중기		신 3	병 7		계 3	경 7	기 9	을 3	임 7		정 3	갑 7
정기	계 20	기 18	갑 16	을 20	무 18	병 16	정 11	기 18	경 16	신 20	무 18	임 16

지장간의 작용

지장간은 천간·지지의 역량을 증대시키거나 천간·지지로는 해결하기 힘든 병을 해소하는 데 도움을 준다. 이는 오행의 과다를 조절하는 긍정적인 작용을 한다.

부정적인 작용도 한다. 지장간끼리의 충이나 오행 생극의 악화 등을 통해 천간·지지의 질서를 파괴하거나 천간·지지를 해치는 데 일조하기도 한다.

공망

공망의 의미

공망空亡의 공은 실實(가득 차다)에 대응되는 개념으로 '속이 비다'라는 뜻이고, 망은 유有(있다)에 대응되는 개념으로 '없다'는 뜻이다.

공망은 신살神煞의 하나로 천중살天中殺로 불리기도 한다. 천간과 지지가 배합할 때 천간은 10자이고 지지는 12자라서 10천간이 한 바퀴를 돌고도 천간과 배합하지 못하고 남은 2개의 지지를 공망이라고 한다.

갑자에서 시작하여 계유까지 10천간이 한 바퀴를 돌면 술·해는 천간을 만나지 못하게 되므로 갑자순旬에는 술·해가 공망이 된다. 이어 갑술에서 시작하여 계미까지 갑술순에는 신·유가 공망이 된다. 갑신순에는 오·미, 갑오순에는 진·사, 갑진순에는 인·묘, 갑인순에는 자·축이 공망이 된다.

일주를 기준으로 논리를 전개하는 자평명리학에서는 일주를 중심으로 공망을 산출하여 활용한다. 하지만 연주를 중심으로 공망을 산출하여 추명에 활용하기도 한다.

육갑 공망표	
甲子 乙丑 丙寅 丁卯 戊辰 己巳 庚午 辛未 壬申 癸酉	술 · 해
甲戌 乙亥 丙子 丁丑 戊寅 己卯 庚辰 辛巳 壬午 癸未	신 · 유
甲申 乙酉 丙戌 丁亥 戊子 己丑 庚寅 辛卯 壬辰 癸巳	오 · 미
甲午 乙未 丙申 丁酉 戊戌 己亥 庚子 辛丑 壬寅 癸卯	진 · 사
甲辰 乙巳 丙午 丁未 戊申 己酉 庚戌 辛亥 壬子 癸丑	인 · 묘
甲寅 乙卯 丙辰 丁巳 戊午 己未 庚申 辛酉 壬戌 癸亥	자 · 축

공망의 작용

공망의 특성

공망을 만나면 길吉보다는 흉凶이 우선한다. 지지는 있는데 천간이 없는 형국이니, 개념 자체가 '공허하다' · '허무하다' · '인연이 없다' · '결손이 생긴다' · '헛수고다' · '무력해진다' · '알맹이는 없고 껍데기만 있다' · '모든 것을 허문다' 등 부정적이다.

공망은 사주 자체에 있을 수도 있고, 운에서 만날 수도 있다. 그러므로 부정적인 성격의 공망은 긍정적인 작용을 하게 될 수도 있다. 길에서 공망을 만나면 길이 흉으로 변하지만, 흉에서 공망을 만나면 흉이 길이 될 수도 있다. 희신과 귀인이 공망에 앉게 되면 좋지 않지만, 흉신과 악살惡

殺은 공망을 만나면 길상吉祥으로 바뀌는 것이다.

공망은 지지의 합·충·형으로 해소되는데, 해공解空·파공破空·탈공脫空이라 한다. 사주에 공망이 있는데 세운에서 공망이 오면 공망이 풀려 작용력이 약해지는 것으로 본다. 대운 공망은 논하지 않는 것이 일반적이다.

사주 공망의 작용

공망은 지지에 모두 작용한다. 일반적으로 연지와 월지 공망의 작용이 큰 것으로 본다.

연지 공망은 생년 공망이므로 조상·부모와의 인연이 적다고 풀이하며, 조상·부모의 덕이 없거나 조상이 물려준 터전을 지키지 못할 것이다. 조상의 묘가 나쁜 경우나, 유년기에 부모와 이별하는 수도 있다. 참고 사항이지만 이마가 넓거나 튀어나온 사람은 공망에 관계없이 조상 덕이 있다고 푼다.

월지 공망은 부모형제와의 인연이 약하다고 본다. 월지는 특히 모친의 자리이므로, 월지 공망은 진로나 직업이 순탄하지 못한 경우가 많다. 형제간 사이가 부실하거나 고향을 떠나 살게 되기도 한다. 형제 중 한 명은 공망이 있고 한 명은 없으면, 형제가 산소 문제로 싸우게 된다. 참고 사항이지만 눈썹이 예쁘면 월지 공망은 작용하지 않는다고 본다.

일지 공망은 일간을 기준으로 공망을 파악하기 때문에 논리상 일지 공망은 없다. 일지 공망은 일지가 들어오는 해를 공망으로 본다. 연주의 공망을 일지 공망으로 적용한다는 이론도 있다. 일지 공망의 경우는 배우자가 아프거나 속을 썩이는 일이 생긴다.

시지공망은 자녀·노후 생활에 영향을 미친다고 본다. 자녀 인연이 박해 자녀가 없거나, 있어도 변변치 않을 것으로 본다. 자녀로 인해 근심하게 되거나 노년에 외롭거나 곤궁하게 된다고 본다.

육친 공망의 작용

육친 공망은 각각의 육친이 갖고 있는 특성에 부정적인 영향을 미치게 된다.

인성 공망은 부모덕과 인덕이 없음을 나타낸다. 도움을 주는 사람이 없으므로 학업을 마치지 못하거나, 만학으로 학업을 추구하는 일이 많다. 또한 주거가 불안한 경우가 많다. 타인의 도움을 거부하여 자립적이며, 재야 선비형이지만 무례하게 구는 일이 있다.

비겁 공망은 형제간의 관계가 소원함을 나타낸다. 비겁 공망이 있는 명주는 고향과 멀리 떨어진 곳에서 성공하는 일이 많다.

식신 공망은 연구하고 궁리하는 식신의 성격이 없음을 나타낸다. 개척·발전에 대한 의욕이 없으며 무사 안일주의의 소극적인 성격이 드러난다. 그리고 교육·예술 등 비영리적인 직업이나 종교계와 인연이 있다. 곤명坤命(여자)은 아들을 낳을 확률이 높다.

상관 공망은 상관의 특성인 행동력이 결여되고 식신의 성향을 보이는 경향이 있다. 냉정하고 과묵하며, 정신적인 능력은 높다. 곤명은 상관이 공망되면 딸을 낳을 확률이 높다.

편재 공망은 재물에 대한 욕망을 이루기 어렵다. 허영심과 사기성이 잠재된 경우가 있다.

정재 공망은 재물에 냉담하거나 인색한 경향이 있다. 건명乾命(남자)은 아내와의 인연이 약하고, 아내로 인해 흉사를 만날 수 있다.

편관 공망은 정치력·지도력은 있지만 반체제 성향을 드러낸다. 그리고 혁신적인 일을 좋아한다. 건명은 아들과의 인연이 약하다.

정관 공망은 공직이나 월급·직장과 인연이 박한 경우가 많다. 청렴 강직한 척하지만 명예욕이 강하다. 자신이 최고인 줄 알거나 대접 받기를 좋아한다. 건명은 딸과의 인연이 약하다. 곤명은 남편과의 인연이 약하다.

공망 빠르게 찾는 법

일주 순행법

일주를 60갑자 순행으로 세어나가 천간 갑·을 밑에 임하는 지지가 공망이 된다. 예를 들어 경술 일주이면 순서대로 신해·임자·계축·갑인·을묘가 되는데 갑·을 밑에 오는 인·묘가 공망이 된다.

일주 역행법

일주를 60갑자 역행으로 세어나가 천간 갑의 다음에 임하는 지지가 공망이 된다. 예를 들어 정사 일주이면 역으로 세어 병진·을묘·갑인이 되는데 천간 갑의 다음에 오는 자·축이 공망이 된다.

순행법과 역행법 모두 다음처럼 표를 손에 그려 세어나가면 편하다. 이를 수지법이라고 한다.

사	오	미	신
진			유
묘			술
인	축	자	해

명리학 역법과 천문

명리학 역법과 천문

명리학과 천문의 관계

명리학은 태양·지구·달·별의 움직임을 살펴보면서부터 시작되었다. 하늘의 변화 원리가 무엇인지, 하늘의 움직임에 따라 땅은 어떻게 변하는지 추구하는 일은 결국 하늘과 땅의 움직임이 인간에게 어떠한 영향을 미치는지를 탐구하면서 시작되었다.

동양에서의 천문 연구는 천문학이라는 자연과학 분야와 별도로 음양·오행에 기초하는 역학·철학의 분야로 깊고 넓게 발전했다.

사람의 운명을 추리하는 명리학은 바로 천문 현상에 바탕을 둔 것이다. 계절별로 여름에 태어난 사람과 겨울에 태어난 사람, 같은 계절이라도 어제 태어난 사람과 오늘 태어난 사람, 같은 날이라도 아침에 태어난 사람과 저녁에 태어난 사람, 같은 시각이라도 동쪽에서 태어난 사람과

서쪽에서 태어난 사람은 모두 상이한 천문의 영향을 받게 된다는 데에서 추명이 시작되었다. 사람은 태어날 때 성질이 다른 천문 현상의 영향을 받음으로써 일생의 그림이 그려지는 것으로 파악했다.

천문 현상에 기초한 명리학은 오랜 역사의 흐름 속에서 학문적인 체계를 구축했지만, 여전히 학문이 아닌 술수의 분야이며 비과학적이라는 비판에서 자유롭지 못하다. 동일한 조건 아래 태어난 사람에 대한 추명이 백인백색이라, 명리학이 이론적인 배경·연구 방법·연구 사례 등 학문 분야에서 요구하는 기준을 맞출 수가 없기 때문이다. 하지만 명리학은 헤아릴 수 없이 많은 사주의 통계에 기초한 이론 체계다. 오늘날 과학에서 매우 중시하는 것이 통계 연구라는 점을 감안하면, 명리학을 주장할 근거는 충분하다. 명리학의 이론과 효용성은 학문의 영역에 속하는지에 대한 논란과는 관계없이 영원히 발전할 것이다.

명리학 역법

명리학에서 한 해는 양력 1월 1일(또는 음력 원단)에 시작되지 않는다. 명리학에서 사용하는 역법은 양력이나 음력이 아닌 절기력으로, 입춘에서 시작해 한 해를 24절기로 나누어 그중 절기를 열두 달의 시작으로 정한 역법이다. 명리학에서는 한 해의 시작은 입춘이고, 입춘이 있는 달이 1월이 된다. 입춘 시각 이전에 태어난 사람의 연주(생년)는 전년이 된다. 절기력은 태양의 운행에 따른 것으로 계절의 변화와 일치한다. 그래서 절기력은 양력으로 정한다.

음력은 달의 운행 주기에 따르는데, 음력은 계절 변화에 일치시키기 위해 윤달을 둔다. 절기력과 음력은 농업·어업 등 우리 생활에 중요한 역할을 한다. 우리는 양력과 음력을 조상 대대로 사용하고 있다(태음태양력). 명리학에서는 절기력을 사용하기 때문에 양력이나 음력에 구애받지 않는다. 사주팔자를 정하는 생년월일을 양력으로 해도 되고, 음력으로 해도 관계가 없다.

명리학에서 한 해 열두 달의 시작과 순서는 일정하다. 1-인월·2-묘월·3-진월·4-사월·5-오월·6-미월·7-신월·8-유월·9-술월·10-해월·11-자월·12-축월이다. 절기력을 사용하므로 1-인월은 입춘으로 시작된다. 2-묘월은 경칩, 3-진월은 청명, 4-사월은 입하, 5-오월은 망종, 6-미월은 소서, 7-신월은 입추, 8-유월은 백로, 9-술월은 한로, 10-해월은 입동, 11-자월은 대설, 12-축월은 소한으로 시작된다.

절기력												
	1	2	3	4	5	6	7	8	9	10	11	12
월	인	묘	진	사	오	미	신	유	술	해	자	축
절기	입춘	경칩	청명	입하	망종	소서	입추	백로	한로	입동	대설	소한
중기	우수	춘분	곡우	소만	하지	대서	처서	추분	상강	소설	동지	대한

사주 세우기

연주

태어난 해인 연주年柱는 만세력을 이용해 찾는 것이 보편적이다. 다만 명리학에서 한 해의 시작은 양력의 신정·음력의 설이 아니라 절기력의 입춘이라는 점을 주의해야 한다. 예를 들어 양력으로 갑자년 1월 15일 태생인 사람의 연주는 갑자가 아니라 계해가 된다. 명리학에서 갑자년은 입춘부터 시작되기 때문이다. 이러한 방식은 태어난 달인 월주를 정하는 데도 적용된다.

만세력이 없을 때 나이를 알고 올해의 연주를 알면 태어난 해의 연주를 계산할 수 있다. 60갑자가 10천간과 12지지 순서로 배열되기 때문이다. 예를 들어 2018년 무술년에 69세인 사람의 연간은 나이를 10으로 나누어 남은 수인 9번째 천간을 올해의 천간으로부터 역으로 세어나가면 된다. 그러므로 1-무, 2-정, 3-병, 4-을, 5-갑, 6-계, 7-임, 8-신, 9-경으로 경이 연간이 된다. 마찬가지로 지지는 69세의 나이를 12로 나누어 남은 수인 9번째 지지를 올해의 지지로부터 역으로 세어나가면 된다. 그러면 1-술, 2-유, 3-신, 4-미, 5-오, 6-사, 7-진, 8-묘, 9-인으로 인이 연지가 된다. 따라서 연주는 경인이 되는 것이다.

월주

태어난 달인 월주月柱 역시 만세력을 찾으면 편리하다. 월주 역시 한 달의 시작이 절기라는 점을 주의해야 한다. 예를 들어 양력으로 입춘일에 태어났다고 해도 입춘 시각 전에 태어난 사람의 월간은 전년 12월(축월)이 된다.

월간은 연간에 따라 바뀐다. 연간이 갑·기이면 월은 병인월에서 시작해 열두 달이 순행으로 바뀐다. 연간이 을·경이면 월은 무인월, 연간이 병·신이면 월은 경인월, 연간이 정·임이면 월은 임인월, 연간이 무·계이면 월은 갑인월에서 시작된다. 예를 들어 갑자년이나 기축년의 월은 1-병인, 2-정묘, 3-무진, 4-기사, 5-경오, 6-신미, 7-임신, 8-계유, 9-갑술, 10-을해, 11-병자, 12-정축월이 된다. 또 을축년이나 경자년의 월은 1-무인, 2-기묘, 3-경진, 4-신사, 5-임오, 6-계미, 7-갑신, 8-을유, 9-병술, 10-정해, 11-무자, 12-기축월이 된다. 연간이 병·신, 정·임, 무·계일 때도 같은 방식으로 진행된다. 이를 이른바 월주 세우는 법이라고 한

연간 기준 월주 세우는 법

	1	2	3	4	5	6	7	8	9	10	11	12
갑 기	병인	정묘	무진	기사	경오	신미	임신	계유	갑술	을해	병자	정축
을 경	무인	기묘	경진	신사	임오	계미	갑신	을유	병술	정해	무자	기축
병 신	경인	신묘	임진	계사	갑오	을미	병신	정유	무술	기해	경자	신축
정 임	임인	계묘	갑진	을사	병오	정미	무신	기유	경술	신해	임자	계축
무 계	갑인	을묘	병진	정사	무오	기미	경신	신유	임술	계해	갑자	을축

다. 월주는 월건月建이라고도 한다.

따라서 사주의 생년월이 갑자년 무인월 또는 을축년 병인월인 사람은 존재할 수 없다.

일주

태어난 날의 간지가 일주日柱다. 일주는 일진日辰이라고도 한다. 일주는 만세력을 사용하여 해당하는 날의 간지를 그대로 쓰는 것이 현실적이다. 일주는 60갑자 순으로 정해지지만 절기와는 상관이 없다. 연주·월주·일주가 일치하는 경우는 60년 주기로 몇 번 생기고 240년을 주기로 상당수 일치하게 되므로, 굳이 일주 세우기 방식을 따질 필요는 없을 것이다. 천문 연구를 통해 만들어지는 만세력은 명리학에서는 필수적인 서적이다. 만세력은 일주 찾기에만 필요한 것이 아니라 사람의 생년월일만 대입하면 사주팔자를 단숨에 찾을 수 있도록 해주기 때문이다.

시주

시주時柱는 하루 24시간을 12지지로 나누어 정해진다. 시지는 자시·축시·인시 등 12지지의 순행으로 결정되며 1시지는 2시간이다. 시지는 우리나라의 경우 23시 30분부터 2시간 단위로 바뀐다. 시간은 일간에 따라 변하며, 월간이 연간에 따라 변하듯 변하는 것은 같다. 물론 내용은 조금 다르다. 일간이 갑·기이면 시는 갑자시에서 시작해 간지가 순행으로 바뀐다. 일간이 을·경이면 시는 병자시, 병·신이면 시는 무자시,

정·임이면 시는 경자시, 무·계이면 시는 임자시에서 시작된다. 예를 들어 갑자일·을축일의 시는 2시간 단위로 갑자시·을축시·병인시·정묘시·무인시·기사시·경오시·신미시·임신시·계유시·갑술시·을해시로 순행한다. 일간이 을·경, 병·신, 정·임, 무·계일 때도 같은 방식으로 진행된다.

명리학을 포함한 동양학에서는 태양의 움직임에 기초한 절기력을 기준으로 하루의 시작인 자시를 23~01시로 잡는다. 현재 우리나라에서 시주가 30분 늦게 시작되는 이유는 사용하는 기준시보다 30분 늦게 태양이 뜨기 때문이다. 그렇게 해야 명리학적 시주에 맞는다. 우리나라의 표준시 기준은 나라의 중앙에 해당하는 동경 127.5도이지만, 국제협약에 따라 동경 135도 일본표준시를 사용하고 있다. 각국이 영국 그리니치 천문대를 기준으로 경도 15도마다 1시간씩 가감하여 표준시를 정하므로 두 기준이 30분 차이가 나는 것이다. 또한 우리나라 안에서도 경도의 차이 때문에 지역 간에 시간 차이가 난다. 그러므로 태어난 장소에 따라 시주가 달라지는 점을 고려해야 한다.

우리나라는 과거 서머타임을 도입한 경우가 여러 차례 있다. 낮 시간을 활용하기 위한 서머타임 시행 기간 중 태어난 사람은 일주에 서머타임을 반영해야 한다. 서머타임 기간은 만세력에서 참고하면 된다.

시주를 세울 때는 자시를 야자시夜子時와 조자시朝子時로 나누어 사용해야 한다는 이론이 있다. 00시 30분(우리나라 기준)에 날짜가 변경되기 때문이다. 예를 들어 23시 40분과 00시 40분에 태어난 사람의 시주는 야자시와 조자시로 다르게 써야 한다는 것이다. 23시 40분에 태어난 사람의 일주는 날이 바뀌지 않았다고 판단하여 전날의 일주를 사용하고, 시주는 23시 30분이 기준이므로 바뀐 자시를 쓰는 게 야자시다. 반면 00시 40분에 태어난 사람은 바뀐 날의 일주와 시주를 사용하는 게 조자시다. 조자시는 실제 정자시와 같은 일주와 시주가 된다. 23시 30분 자시에 날이 변경되는 명리학의 전제를 벗어난 논리라는 점에서 실용성과는 별개로 비판을 받는다.

	23:30 ~	01:30 ~	03:30 ~	05:30 ~	07:30 ~	09:30 ~	11:30 ~	13:30 ~	15:30 ~	17:30 ~	19:30 ~	21:30 ~
갑 기	갑자	을축	병인	정묘	무진	기사	경오	신미	임신	계유	갑술	을해
을 경	병자	정축	무인	기묘	경진	신사	임오	계미	갑신	을유	병술	정해
병 신	무자	기축	경인	신묘	임진	계사	갑오	을미	병신	정유	무술	기해
정 임	경자	신축	임인	계묘	갑진	을사	병오	정미	임신	계유	경술	신해
무 계	임자	계축	갑인	을묘	병진	정사	임오	계미	갑신	을유	임술	계해

일간 기준 시주 세우는 법

사주 각 주의 의미(근묘화실)

연주

연주年柱는 사주의 뿌리로서 근묘화실根苗花實론으로 볼 때 근根이다.

연주는 사주의 위치인 궁위宮位로 볼 때 조상궁에 해당하며, 사주 주인공과 조상·부모와의 관계를 살핀다. 연주가 일간 및 사주에 좋은 영향을 미치는 희신喜神이거나 합이 이뤄지면 조상의 음덕이 있다고 본다. 기신忌神이면 조상 음덕이 없다고 본다. 희신·기신 등의 개념은 2부 연구편 중 7장 용신론에서 다룰 것이다.

근묘화실 간명看命을 할 때는 초년기, 즉 1세부터 15세까지를 살핀다. 주로 학업과 질병을 본다.

월주

월주月柱는 사주의 줄기로서 근묘화실론으로 볼 때 묘苗가 된다.

월주는 사주의 궁위로 볼 때 부모궁·형제궁에 해당하며, 사주 주인공과 부모·형제와의 관계를 살핀다.

월간을 부친궁, 월지를 모친궁으로 판단하는 게 일반적이다. 사주 주인공의 모친과 태어난 계절이 월지가 되므로 월지는 사주 간명에서 특히 중요한 위치를 차지한다.

근묘화실을 간명할 때는 청년기, 즉 16세부터 30세까지를 살핀다.

일주

일주日柱는 사주의 꽃에 해당하므로 근묘화실론으로 볼 때 화花다.

일주는 사주의 궁위로 볼 때 일간은 사주의 주인공, 일지는 배우자궁에 해당한다. 일간은 사주의 중심으로 사주 주인공과 사주 전체를 파악하는 기준이 된다. 일간은 신강·신약을 판단하게 되는데, 월지에 통근通根하는지 여부를 잘 살펴야 한다. 신강·신약의 판단은 11장에서, 통근의 의의는 13장에서 다룬다. 일지는 배우자궁으로 배우자 운과 부부의 길흉을 살펴본다.

근묘화실을 간명할 때는 장년기, 즉 31세부터 45세까지를 살핀다.

시주

시주時柱는 사주의 결실에 해당하므로 근묘화실론으로 볼 때 실實이다.

시주는 사주의 궁위로 볼 때 자녀궁에 해당하며, 사주 주인공과 자녀의 관계를 살펴본다.

근묘화실을 간명할 때는 노년기, 즉 46세부터 60세까지를 살핀다.

근묘화실 간명

간명은 명국을 감정한다는 의미로 합충·10성·용신·격국 등 사주 판단의 여러 요소에 익숙해야 가능한 일이다. 간명법의 하나인 근묘화실을 기초로 하는 간명도 마찬가지다. 기초편에서 간명을 이야기하는 것은 적절하지 않으므로, 편의상 근묘화실론에 붙여 간명을 설명한다.

근의 간명

연주에 희신이 있거나 일간과 좋은 합을 이루면 조상 덕이 있다고 본다. 가정이 화목하다. 유복하게 자라며 학업도 남보다 우월하다. 조상 덕으로 어린 나이에 출세하기도 한다. 조상이나 부친의 유산이 많다. 일가친척이 번창했을 것이다.

연주에 기신이 있거나 일간과 충이나 형을 이루면 조상 덕이 없다고 본다. 선대가 몰락했거나 가족의 이산이 있었을 것이다. 가난하게 자라며 집안 형편상 공부하기도 힘들고, 공부를 해도 좋은 성적을 내기 어려울 것이다. 살아가면서도 의식주에 고통이 있을 것이다. 단명할 수도 있다.

일반적으로 연주에 정관이 있으면 조상이 학자·관료로 전통적인 명문가였을 것이다.

연주에 정재가 있으면 조상이 사업이나 유산으로 부유하게 살았을 것이다.

연주에 편재가 있으면 조상이 상업·사업에 종사했을 것이다.

연주에 정관과 재성이 같이 있으면 명망 있고 부유한 집안의 태생일 것이다.

연주에 인성이 있으면 조상이 문관으로 활동했을 것이다. 조업祖業을 계승할 수 있겠다.

묘의 간명

월주에 희신이 있거나 일간과 좋은 합을 이루면 부모·형제와 화목하다고 본다. 부모·형제의 사업이 번창했을 것이다. 직업과 관운도 좋을 것이다. 복덕을 누릴 수 있다. 장수할 수 있을 것이다. 청년기의 일이 뜻대로 될 것이다.

월주에 기신이 있거나 일간과 충이나 형을 이루면 부모·형제와의 관계가 좋지 않을 것이다. 부모·형제의 사업이 부진하거나 횡사 등의 화가 있을 수 있다. 가족이 흩어졌을 수도 있다. 재액이 많다고 본다. 청년기에 재난과 고통이 따를 것이다.

일반적으로 월주에 재성이 있으면 부모가 사업을 하거나 부유할 것이다.

월주와 타주에 상관이 있으면 빈곤해진다고 본다. 월간에 상관이 있으면 이혼수가 있다고 본다.

월주에 편관이 있으면 부모덕이 없다고 본다.

월주가 공망이면 부모와의 인연이 약하다. 만사 장애를 만날 가능성이 높다.

화의 간명

일주가 월지에 득령을 하거나 타주와 좋은 합을 이루면 좋은 가문이나 학식이 뛰어난 배우자를 만날 수 있을 것이다. 배우자로 인해 이름이 널리 퍼질 수도 있을 것이다. 건강하고 편안한 생활을 누릴 수 있을 것이다. 중년의 생활이 편안하다.

일주가 타주와 충이나 형을 만났다면 좋지 않은 배우자를 만나 흉액을 당할 가능성이 높다. 사업에서 실패를 거듭하게 될 것이다. 중년에 가련한 신세가 되기 쉽다.

일반적으로 일지가 식신이면 도량이 넓은 배우자를 만나게 된다. 의식주도 넉넉할 것이다.

일지가 상관이면 배우자가 말이 많아 말실수가 생길 수 있다.

일지가 재성이면 재물을 모을 수 있다.

건명이 일지에 정재를 만나면 좋은 배우자를 만나게 된다.

곤명이 일지에 정관을 만나면 인격이 있는 배우자를 만나게 된다.

실의 간명

시주에 희신이 있거나 좋은 합을 이루면 자녀가 잘된다고 본다. 효자이거나, 박식하거나, 국가에 공헌하는 자식을 둘 것이다. 자녀가 그렇지 않다면 자손 중 훌륭한 사람이 나오게 될 것이다. 여생에 대한 걱정 없이 노년기를 지낼 수 있을 것이다.

시주에 기신이 있거나 충이나 형을 이루면 자식 때문에 한 많은 삶을 살게 된다고 본다. 자식이 평생 질병으로 시달릴 수 있다. 자식이 출산 때 사망하거나 먼저 저세상으로 가는 일도 생길 수 있다. 노년기를 쓸쓸하게 보내거나 질병에 시달리며 살 수 있다.

일반적으로 시주에 식신이 왕하면 자식이 효도하며 집안이 발전한다고 본다.

시주에 재성이 있으면 자손이 재산을 모으는 격이니 말년 복이라 할 수 있다.

신강·신약

신강·신약의 판단 기준

사주의 추명은 일간 위주로 전개된다. 일간을 아신我身 또는 신身이라고 한다. 신의 강약强弱은 명을 논하는 데 중요하다.

신의 강약을 판단하는 요소는 세 가지다.

첫째, 득령得令이다. 영令은 월령(월지)을 가리킨다. 월지는 모친의 자리로 오행 역량의 기반이 되는데, 일간이 월지의 도움을 얻는 것이 득령이다. 일간의 힘이 왕성해지게 하는 월지는 일간을 생해주는 인성(정인·편인)과 도와주는 비겁(비견·겁재)이다. 득시得時로 칭하기도 한다. 반대의 개념은 실령이다.

둘째, 득지得地다. 일간이 일지의 도움을 얻는 것이다. 일간에 힘을 더해주는 일지는 인성과 비겁이다. 지지의 기운을 얻는다는 점에서 득기得氣로 불리기도 한다. 반대의 개념은 실지다.

셋째, 득세得勢다. 일간이 도움을 얻는 인성·비겁이 사주에 4개 이상 (월지의 인성과 비겁은 각각 2개로 계산)이 되는 것이다. 일간이 지지의 기운을 얻게 된다. 반대의 개념은 실세다.

일간이 득령·득지·득세하느냐의 여부에 따라 신의 강약을 결정한다. 일간에게는 득령이 득지보다, 득지가 득세보다 더 큰 기운이 된다.

신강은 대체로 극을 당하거나 설洩이 되거나 극하는 등 억抑을 좋아한다. 예를 들면 갑목이 금을 만나거나 화를 만나거나 토를 만나면 좋다. 하지만 신강은 대체로 생을 받거나 도움을 받는 등 부扶를 꺼린다. 예를 들어 갑목이 수를 만나거나 목을 만나면 좋지 않다. 신강이 과해지기 때문이다. 이를 신강의 희기喜忌라고 한다. 신약의 희기는 신강의 희기와 반대다.

사주에서는 중화中和·中化를 가장 좋게 평가한다. 사주팔자가 음양·오행으로 균형을 이루는 게 중화다. 아울러 신강의 사주가 신약의 사주보다 낫다고 본다.

일간의 강약을 판단하는 데는 간지의 위치에 따라 점수를 부여하여 점수로 강약을 판단하는 방법도 활용된다.

또한 일간의 강약을 통근 여부로 판단하는 방법도 중시되고 있다.

실제 사주 예를 들어 일간의 강약을 득령·득지·득세로 판단해본다. 사주의 표기는 시대의 흐름에 맞추어 연·월·일·시 순서의 방식을 택한다. 종래의 사주 표기 방식과 반대라는 점에 유의해야 한다.

신강

신강은 최강·대강·강·약화위강弱化爲强으로 구분할 수 있다.

첫째, 최강은 득령·득지·득세한 경우다.

甲	丁	甲	甲
寅	卯	子	子

일간 갑목은 월지 묘목으로 득령했고, 지지 자수로 득지했다. 또한 일간을 돕는 인성 2, 비겁 4로 득세했다. 신의 최강이다.

둘째, 대강은 득령·득세한 경우다.

甲	丙	壬	庚
申	子	戌	子

일간 임술은 월지 자수로 득령했고, 일지 술토로 실지했다. 인성 2, 비겁 2로 득세했다. 신의 대강이다.

셋째, 강은 득령·득지한 경우다.

甲	庚	丙	戊
申	午	午	子

일간 병화는 월지 오화로 득령했고, 일지 오화로 득지했다. 하지만 인성 1, 비겁 2로 실세했다. 신의 강이다.

넷째, 약화위강은 득지·득세한 경우다. 일간의 뿌리가 되는 득령을 하지 못해 기운은 약하다. 따라서 판단에 신중을 기할 필요가 있다. 약화위강은 약한 것이 변해 강이 되었다는 의미로 약변강弱變强이라고도 한다. 소강이라 해도 무방하다.

甲	癸	乙	丙
寅	酉	亥	子

일간 을목의 월지가 쇠약(실령)하지만 지지 해수로 득지했고, 사주에 인성 3, 비겁 2로 득세했다. 신의 약화위강이다.

신약

신약은 최약·대약·약·강화위약强化爲弱으로 구분할 수 있다.

첫째, 최약은 득령·득지·득세를 모두 하지 못한 경우다. 실령·실지·실세한 경우다.

戊	庚	甲	庚
申	申	午	午

일간 갑목은 월지·일지의 도움을 받지 못해 실령·실지했다. 일간을 도와주는 인성 비겁이 하나도 없어 그야말로 일간은 고립무원이다. 신의 최약이다.

둘째, 대약은 득지만 한 경우다.

甲	丙	己	甲
寅	子	丑	子

일간 기축은 득령은 하지 못하고 득지는 했다. 사주에 인성 1, 비겁 1로 득세도 하지 못했다. 신의 대약이다.

셋째, 약은 득세만 한 경우다.

壬	癸	乙	丁
寅	丑	丑	亥

일간 을목은 득령도, 득지도 하지 못했다. 다만 인성 3, 비겁 1로 득세는 했다. 신의 약이다.

넷째, 강화위약은 득령만 한 경우다. 세력은 없지만 득령을 해 압박을

70

조금 버틸 수 있다. 따라서 판단에 신중을 기할 필요가 있다. 강화위약은 강한 것이 변해 약이 되었다는 의미로 강변약强變弱이라고도 한다. 소약이라고 해도 무방하다.

甲寅	丙子	壬寅	丙午

일간 임수는 오직 득령만 했을 뿐이다. 하지만 일간은 월지의 힘을 받아 극설에 대응하게 된다. 신의 강화위약이다.

신 강약표

	최강	대강	강	약화위강	강화위약	약	대약	최약
득령	○	○	○	×	○	×	×	×
득지	○	×	○	○	×	×	○	×
득세	○	○	×	○	×	○	×	×

왕·상·휴·수·사

왕·상·휴·수·사의 개념

왕旺·상相·휴休·수囚·사死는 사주팔자의 글자가 어느 정도의 역량이 있는지를 판단하는 오행 이론의 하나다. 목·화·토·금·수의 오행이 어느 계절에 기운이 왕성하고 어느 계절에 쇠약한지를 살펴본다. 왕은 나와 같은 것으로 기운이 왕성한 상태, 상은 내가 생하는 것으로 기운이 좋은 상태, 휴는 나를 생하는 것으로 기운이 중간보다 약간 약한 상태, 수는 내가 극하는 것으로 기운이 쇠락한 상태, 사는 나를 극하는 것으로 생기가 전무한 상태를 뜻한다.

왕·상·휴·수·사는 일간 또는 다른 글자의 오행을 월지에 대응하여 정하므로 사계절과 밀접한 관계가 있다. 목·화·토·금·수의 왕·상·휴·수·사는 각각 계절마다 달라진다. 또한 계절마다 왕 오행, 상 오행, 휴 오행, 수 오행, 사 오행이 하나씩 있다.

오행의 왕·상·휴·수·사					
	목	화	토	금	수
인묘월	왕	상	사	수	휴
사오월	휴	왕	상	사	수
신유월	사	수	휴	왕	상
해자월	상	사	수	휴	왕
진술축미월	수	휴	왕	상	사

왕·상·휴·수·사의 활용

사주의 주인공인 일간을 월지에 대비해 왕·상·휴·수·사를 살펴보는 일은 중요하다. 일간의 왕쇠를 판단하는 것은 추명의 기본적이고 결정적인 요소이지만, 월지에 대비한 왕쇠에 지나치게 매달릴 필요는 없다.

일간의 강약을 판단하는 방법은 10장에서 살펴본 대로 득령·득지·득세로 가름하는 게 보편적이다. 그리고 13장에서 살펴볼 통근·투간·투출로 일간의 강약을 판단하는 방법도 중시된다. 실제로 득령·통근을 따지면 월지를 통한 왕·상·휴·수·사의 핵심을 살펴본 것이다.

월지에 대비한 왕·상·휴·수·사로 일간의 강약을 판단하는 방법은 간단하므로 실용적인 측면이 있다. 또한 다른 천간을 월지에 대비하거나 간지 자체의 왕·상·휴·수·사를 살펴 추명에 활용할 수 있을 것이다.

통근·투간·투출

통근의 의의

통근通根은 글자 그대로 뿌리와 통한다는 말이다. 천간이 지지에 뿌리를 내린 것이 통근이다. 사주에서 통근은 천간이 지지에 같은 오행을 갖고 있다는 말이다. 통근 요소에는 지지의 지장간도 포함된다. 지상에 있는 식물의 줄기와 열매가 지하의 뿌리에서 영양분을 공급받지 못하면 시들하거나 빈 열매가 되듯, 천간도 지지에 뿌리가 있는 것과 없는 것의 역량은 차이가 크다. 그렇기에 사주에서 통근이 중시되고 통근론이 사주에서 자리를 차지하는 것이다.

통근은 천간이 지지의 위치에 관계없이 같은 오행을 갖고 있더라도 어떤 천간이 어떤 지지와 통근했는지가 매우 중요하다. 자평명리학에서는 일간을 기준으로 사주를 풀이하므로, 당연히 일간이 통근했는지 여부가 우선시된다. 특히 일간이 월지에 통근하는지 여부가 일간의 역량에 가장 큰 영향을 미치는 요소가 된다. 월지는 일간의 부모와 같은 역할을 하기 때문이다. 일간이 당령(월지 지장간 성분과 일치하는 오행)하는지도 파악해야 한다. 만일 일간이 지지는 물론 지장간에도 뿌리가 없다면 일간은 사주 자체에서는 매우 허약한 것이다. 사주 강약으로 본다면 신의 최약이다.

일간이 아닌 천간의 통근 여부도 잘 살펴야 한다. 예를 들어 오행으로는 금이고 육친으로는 관성인 월간이 지지에 통근한 경우와 그렇지 못한 경우, 사주의 풀이는 크게 다를 수밖에 없다.

천간이 지지의 생을 받는 것도 천간의 역량에는 좋다. 신을 생해주는 인성이 신의 강약을 판단하는 요소이지만, 신의 강약을 판단할 때 통근을 중시하는 통근론에서는 통근을 가장 중요한 요소로 꼽는다.

투간·투출

통근은 천간을 중심으로 개념화된 것이라면, 투간透干과 투출透出은 지지를 중심으로 대두된 개념이다.

월지 지장간이 천간에 있으면 투간되었다고 한다.

월지 외 다른 지지의 지장간이 천간에 있으면 투출되었다고 한다.

지지의 관점에서 투간·투출된 천간은 천간으로 보면 통근된 것이다.

일간의 통근

사주의 판단에서는 음양오행의 균형인 중화를 중시한다. 사주팔자의 음양이 균형을 이루고 오행이 모두 있는 오관 사주를 편안한 사주라고 판단한다.

사주를 풀어 운명을 추리하는 추명은 일간을 기준으로 한다. 일간의 강약, 다시 말해 신의 강약 판단이 추명의 출발점이 되는 셈이다.

통근론은 일간의 강약을 판단할 때 통근을 우선시한다. 그러므로 앞에서 살펴본 득령·득지·득세로 일간의 강약을 등급으로 판단하는 논리에 연연하지 않는다.

일간의 통근 역시 어떤 지지와 통근했는지가 중요하다. 물론 월지와의 통근이 다른 지지와의 통근에 비해 안정되고 강한 힘을 갖는다고 판단한다. 다음으로 일간이 앉아 있는 일지와의 통근, 시지와의 통근, 연지와의 통근 순으로 일간의 역량이 차이가 난다.

일간의 월지 통근도 월지의 상태에 따라 강약이 달라지는데, 강약은 일간이 통근한 월지의 성격에 따라 왕지(자·오·묘·유), 생지(인·신·사·해), 고지(진·술·축·미) 순으로 나타난다고 본다. 예를 들어 일간의 갑목·을목이 묘에 통근하는 것을 1순위로 삼고, 생지 중 같은 오행인 인과의 통근을 다음으로 친다. 그다음으로는 생지 중 지장간에 같은 오행이 있는 해와 통근, 그리고 고지에 속한 진과 미와 통근을 그다음으로 보는 것이다.

일간의 월지 통근의 강약 순위는 일간의 월지 통근이 안 된 경우와 다른 천간의 통근을 따질 때도 원용된다.

일간의 월지 통근의 강약 순위는 다음과 같다.

甲乙 : 卯　寅亥　辰未

丙丁 : 午　巳寅　戌未

戊己 : 午　巳　　辰戌丑未

庚辛 : 酉　申巳　戌丑

壬癸 : 子　亥申　辰丑

대운·세운·소운

운의 역할

사람의 부귀빈천富貴貧賤은 팔자에 정해져 있다. 하지만 사람의 삶은 사주 명국命局대로만 이뤄지는 것은 아니며, 변화가 생긴다. 사주 명국은 좋지 않은데 출세하거나 부자가 되는 사람도 있고, 그 반대의 경우도 생긴다. "사주 좋은 게 운 좋은 것만 못하다"는 말도 있다.

사주와 운의 관계를 설명할 때 자주 등장하는 비유가 자동차와 도로의 관계다. 사람의 사주는 태생적 차이가 있다. 자동차도 공장에서 출고될 때부터 다르다. 좋은 사주의 사람과 나쁜 사주의 사람은 삶은 아무래도 차이가 있다. 고급 차와 대중 차의 운행도 그러하다. 하지만 사주에 관계없이 사람은 살아가며, 행운도, 불운도 만날 수 있다. 자동차도 종류에 관계없이 운행 중 고속도로도, 자갈길도 만날 수 있듯이 말이다. 물론 좋은 사주를 가진 사람과 고급 차가 어려움을 만나도 헤쳐나가는 데 유리할 것이다. 그렇다 해도 좋은 사주를 가진 사람과 고급 차가 극히 나쁜 경우를 만날 때 무너지지 않는 것은 아니다. 나쁜 사주를 가진 사람과 대중 차가 계속 좋은 환경을 만나게 되면 나아가는 길이 화려하지는 않아도 불편하지는 않을 것이다.

사주 명국의 좋고 나쁨에 관계없이 행운이 잇따른다면 늘 활기 있는 삶을 영유할 수 있게 된다. 운이 사주팔자를 바꿀 수는 없다. 하지만 운이 사주팔자를 억제하거나 부추길 수는 있다. 길한 것은 더욱 좋게 할 수 있고, 흉한 것은 더 나쁘게 할 수 있다. 하지만 길한 것이 흉을 더 나쁘게 할 수도 있고, 흉한 것이 흉을 오히려 길로 변하게 할 수도 있다. 그러므로 운을 소홀히 여겨서는 안 된다.

운은 대운大運과 세운世運으로 구분한다. 대운은 10천간 단위로 하늘의 기운이 바뀐다는 점에서 10년 단위로 바뀐다. 사람의 삶은 10년마다 바뀐 기운을 만나게 된다는 말이다. 대운은 하늘 기운의 변화를 의미한다. 대운이 사주에 미치는 영향력은 분위기 형성에 크게 작용하고, 실제 활동성은 적다고 본다.

반면 세운은 매년의 운세로 해마다 바뀐다. 사주에 미치는 영향력은 직접적이고 실질적이다. 활동성이 매우 크다.

그러면 명주命主에게 어떤 운이 행운이고 어떤 운이 불운인가? 연구편에서 용신론·육친론 등을 통해 살펴보겠지만, 일반적으로 용신과 희신이 대운·세운에 오면 행운으로 본다. 기신과 구신이 대운·세운에 오면 일단 불운으로 해석한다. 한신은 신강이면 행운으로 본다.

대운 정하는 법

대운의 기점

대운大運의 기점은 월주다. 건명의 연간이 양, 곤명의 연간이 음이면 운은 순행한다. 건명의 연간이 음, 곤명의 연간이 양이면 운은 역행한다. 양남음녀陽男陰女는 미래절未來節로 순행하여 생월(월주)부터 돌아오는 월건이 대운에 해당하고, 음남양녀陰男陽女는 과거절過去節로 역행하여 생월부터 지나온 월건이 대운에 해당한다.

예를 들어 건명이 갑자년 병인월이면 대운은 병인월을 기점으로 순행한다. 건명의 연간이 양이기 때문이다. 첫 대운은 정묘이며 이후 10년 주기로 무진·기사·경오·신미·임신·계유·갑술 순으로 바뀐다. 또 건명이 을축년 무인월이면 대운은 무인월을 기점으로 역행한다. 건명의 연간이 음이기 때문이다. 첫 대운은 정축이 되며 이후 10년 주기로 병자·을해·갑술·계유·임신·신미·경오·기사 순으로 바뀐다.

반대로 곤명이 갑자년 병인월이면 대운은 병인월을 기준으로 역행한다. 곤명의 연간이 양이기 때문이다. 첫 대운은 을축이 되며 이후 10년 주기로 갑자·계해·임술·신유·경신·기미·무오 순으로 바뀐다. 또 곤명이 을축년 무인월이면 대운은 무인월을 기준으로 순행한다. 곤명의 연간이 음이기 때문이다. 첫 대운은 기묘가 되며 이후 10년 주기로 경진·신사·임오·계미·갑신·을유·병술·정해 순으로 바뀐다.

10년 주기 대운의 나이 수

우선 순행 대운의 경우는 생일·생시로부터 다음 절기 일시까지의 시간, 역행 대운은 생일·생시로부터 지난 절기 일시까지의 시간을 계산한다.

생일·생시로부터 절기 일시까지의 시간을 따져 매 3일이 1세, 매 1일이 120일, 매 1시진(2시간)이 10일이 된다. 절기 일시까지의 날짜를 우선 3으로 나누고 남은 시간을 계산하면 간단하다. 생일·생시로부터 절기 일시까지의 시간이 6일이면 대운의 나이 수는 2세가 되며, 7일이면 2세 4개월, 7일 1시간이면 2세 4개월 10일이 된다. 그리고 대운의 나이 수를 생년월일시에 더하면 첫 대운의 날이 된다. 10년 대운이 바뀌는 날의 기준은 두 가지 이론이 있다. 10년 뒤 대운의 날에 두 번째 대운으로 바뀐다는 이론과 대운이 바뀌는 해 입춘에 대운이 바뀐다는 이론이다. 우리나라에서는 후자가 통상적이다.

대운의 수를 간편하게 계산하는 방식으로 생일과 절기일 간의 날짜 차이만을 따져 3으로 나누는 방식이 있다. 생일과 절기일 모두를 날짜 계산에 포함시키고, 3으로 나누어 나머지가 2이면 올림하고 1이면 버린다. 예를 들어 생일과 절기일 간의 날짜 수가 17이라면 몫은 5, 나머지 2가 되므로 대운 수는 6이 되고, 16이면 몫은 5, 나머지 1이 되므로 대운의 수는 5가 된다.

실제 대운의 수를 계산하기보다는 생년월일 기준으로 대운 수를 계산해놓은 만세력을 이용하면 간단히 대운 수를 찾을 수 있어서 실용적이다.

소운

소운小運은 대운이 시작되기 전 어린 시기를 추명하는 운이다. 추명이라기보다는 참고하는 운으로 보는 편이 나을 것이다. 유년기의 성장과 발달은 보호자 운의 영향을 크게 받으며, 운은 대운을 중심으로 살펴야 하기 때문이다.

소운을 정하는 법도 예로부터 여러 가지 이론이 제기되어왔다. 하지만 이론적 근거 및 실용성이 미흡하다는 점에서 오늘날 일반적으로 사용되는 방법만 제시한다.

소운은 시주에서 출발하여 양남음녀는 순행하고, 음남양녀는 역행하는 방식으로 정한다.

예를 들어 시주가 갑자시인 사주에서 사주의 주인공이 양남음녀라면 을축·병인·정묘 순으로 대운이 시작될 때까지 1세·2세·3세의 운을 살펴본다. 음남양녀라면 계해·임술·신유 순으로 대운이 시작될 때까지 1세·2세·3세의 운을 살펴본다.

대운·세운의 적용

대운은 10년간, 세운은 당년의 길흉을 판단할 수 있는 지표다. 대운이 좋은 시기에 세운도 좋다면 금상첨화로 명주는 뜻한 바를 이룰 가능성이 높아진다. 대운이 좋은 때라도 세운이 아주 나쁘다면 좋은 결과를 기대하긴 어려울 것이다. 대운이 분위기를 조성했지만 세운의 활동성이 나빠 결실을 얻기 어려워서다.

10년간 길흉 판단의 근거가 되는 대운을 적용하는 방법은 크게 두 가지로 나뉜다. 하나는 간지의 상생·상극 등을 파악해 10년간의 운을 하나로 적용하는 방법이다. 다른 하나는 간지를 구분하여 천간을 앞 5년, 지지를 뒤 5년의 운으로 구분하여 보는 방법이다. 효용성의 판단이 쉽지는 않지만, 필자는 전자의 방식을 선호한다.

대운의 파악은 간지를 같이 놓고 보지만, 지지에 더 큰 비중을 두게 된다. 천간은 기운인 반면, 지지는 사주에 실질적 변화를 일으키는 역할을 하기 때문이다.

대운의 간지 중 천간이 길한데 지지가 생조하면 길력吉力이 더욱 커지고, 천간이 길한데 지지가 극하면 길력은 줄어든다고 본다. 천간이 흉한데 지지가 생조하면 흉해가 더 커지고, 천간이 흉한데 지지가 극하면 흉해는 가벼워진다고 본다. 간지 중 지지가 길하거나 흉한 경우도 마찬가지로 파악한다.

다만 대운 간지의 상극을 따져 개두론蓋頭論과 절각론截脚論을 적용한다. 개두는 '머리를 덮다', 절각은 '다리가 잘리다'라는 의미다. 개두론은 지지가 용신운인데 천간이 이를 극하는 것이고, 절각론은 천간이 용신운인데 지지가 이를 극하는 것이다. 개두의 경우는 길흉이 반반이고, 절각은 10년이 나쁘다고 본다.

또 대운이 바뀔 때 접목대운接木大運으로 불리는 진·술·축·미 대운을 잘 살펴야 한다. 진·술·축·미 대운은 환절기와 같아 변화를 일으키기 쉽기 때문이다. 이 변화는 부정적인 경우가 많다.

한편 세운은 원국과의 합충 등으로 명주의 생활에 정신적·육체적·물질적·사회적으로 직접적인 영향을 미치기 때문에 길흉의 판단에서 가장 중시하게 된다.

대운·세운이 명주의 사주에 어떠한 영향을 미치는지는 명국과 대비하여 판단하게 된다.

12운성

12운성의 의의

12운성運星은 천간의 기가 지지를 만나 변화하는 원리를 뜻한다. 12운성은 사주명리학을 포함하여 동양학의 여러 분야에서 사용된다. 포태법胞胎法·장생법長生法이라고도 한다.

12운성은 기의 변화를 사람의 삶에 대입하여 장생長生·목욕沐浴·관대冠帶·건록建祿·제왕帝旺·쇠衰·병病·사死·묘墓·절絶·태胎·양養의 12신으로 정한 것이다. 사람이 태어나서 자라고 성장하고 혼인하고 이름을 얻은 후에 병들거나 죽어 사라지는 원리를 반영하고 있다. 추명에서 선천적 요소를 살펴보는 데 활용되며, 효용성에 대한 논란은 있다.

12운성의 순환은 물론 천간의 오행에 따라 다르다. 또한 천간의 음양에 따라 순환의 방법이 다르다. 천간이 양간이면 순행하고, 음간이면 역행한다. 양간의 장생지에서 음간은 사가 되고, 반대로 양간의 사지에서 음간은 장생이 되는 것이다. 이른바 양포태법과 음포태법이 적용되는데, 예로부터 양포태법만 사용해야 한다는 주장과 음양포태법이 옳다는 주장이 대립되어왔다. 이런 대립은 여전한 상태이며, 실제 추명 현장에서는 두 가지 방법이 혼용되고 있다.

12운성의 활용법은 일간을 기준으로 하여 사주의 연월일시 지지를 대입해 판단하는 방법이 일반적이다.

12운성 조견표

	갑	을	병	정	무	기	경	신	임	계
장생	해	오	인	유	인	유	사	자	신	묘
목욕	자	사	묘	신	묘	신	오	해	유	인
관대	축	진	진	미	진	미	미	술	술	축
건록	인	묘	사	오	사	오	신	유	해	자
제왕	묘	인	오	사	오	사	유	신	자	해
쇠	진	축	미	진	미	진	술	미	축	술
병	사	자	신	묘	신	묘	해	오	인	유
사	오	해	유	인	유	인	자	사	묘	신
묘	미	술	술	축	술	축	축	진	진	미
절	신	유	해	자	혜	자	인	묘	사	오
태	유	신	자	해	자	해	묘	인	오	사
양	술	미	축	술	축	술	진	축	미	진

12운성의 해설

장생

장생長生은 사람이 모체로부터 태어나는 것과 같다. 개척과 전진, 창조와 발전에 대한 의욕이 강하다. 행동은 민첩하다. 진취적이다. 성격은 온순하고 순수하다.

- 연지가 장생이면 선조가 명문가일 것이다. 복록이 증진될 것이다.
- 월지가 장생이면 부모·형제가 성공하게 된다.
- 일지가 장생이면 복록이 넘친다. 좋은 배우자를 만나게 될 것이다.
- 시지가 장생이면 귀한 자식을 두어 말년에 행복을 누리게 될 것이다.

목욕

목욕沐浴은 갓 태어난 아기를 깨끗이 씻는 것과 같다. 아이가 목욕을 하면 귀엽기 그지없지만, 아기는 춥고 떨리는 공포와 고통을 느낄 수도 있다. 목욕은 또 발가벗은 상태로 이뤄진다는 점에서 주색이나 낭비·음란·방탕 등 수치를 모르고 행동하는 것으로도 풀이된다.

- 연지가 목욕이면 선대의 주색잡기로 집안이 기울었을 것으로 본다.
- 월지가 목욕이면 집안에 바람 잘 날이 없을 것이다. 매사 용두사미가 되기 쉽다.

- 일지가 목욕이면 어려서부터 고생이 심할 것이다. 곤명은 매우 음하게 보일 수 있다.
- 시지가 목욕이면 자식 문제로 근심이 떠나지 않을 것이다.

관대

관대冠帶는 허리에 띠를 두른 것으로서 성장 과정을 거쳐 청년이 되었다는 의미다. 의복을 갖추고 규범을 배우며 사회 진출에 대비하는 상황이다. 실리와 명예를 얻게 된다고 본다.

- 연지가 관대이면 가문이 훌륭하다. 유산을 받아 생활이 넉넉하고 일찍 출세할 것이다.
- 월지가 관대이면 출세와 명예를 위해 물불 가리지 않을 것이다.
- 일지가 관대이면 공명을 얻어 명예를 지키지만, 애정 문제는 순탄치 않을 것이다.
- 시지가 관대이면 자식이 명성을 얻으니 말년에 즐거울 것이다.

건록

학업을 마치고 독립하여 사회의 구성원으로 활동하는 상태다. 건록建祿은 혼인한다는 의미도 있다. 성인이 되었음을 뜻하기도 한다. 명예와 체면, 의무와 책임을 중시하는 특성이 있다.

- 연지가 건록이면 선대가 명예를 얻었고 자수성가했을 것이다.
- 월지가 건록이면 자립심이 강하다. 부모의 유산이 있을 수 있다.
- 일지가 건록이면 자수성가할 수 있다. 곤명은 생활 전선에서 고생하기 쉽다.
- 시지가 건록이면 자식이 출세하고 명망을 얻을 수 있다. 말년이 행복할 것이다.

제왕

제왕帝旺은 원기의 왕성함이 극에 달한 상태다. 인생으로는 장년기에 해당한다. 건록은 정점인 상태인 데 비해, 제왕은 양이 절정에 이르러 음으로 향하는 상태다. 따라서 제왕은 투지·헌신·솔선수범 등 모범적인 면이 많지만, 유아독존의 성격으로 불화를 초래할 수도 있다.

- 연지가 제왕이면 선조가 학문이나 권세가 높았을 것이다.
- 월지가 제왕이면 경쟁에서 앞장설 수 있을 것이다. 독불장군의 성격이 나타날 수 있다.
- 일지가 제왕이면 지나치게 강한 성격이 제약이 될 것이다.
- 시지가 제왕이면 자식이 가문을 빛낼 수 있을 것이다. 만년까지 명성이 유지될 수 있다.

쇠

쇠衰는 달이 차면 기울 듯이 기운이 쇠퇴하는 시기다. 인생으로는 갱년기·정년 퇴직기라고 할 수 있다. 안정을 추구하고 보수 성향이 되며 자신감이 줄어드는 경향이 있다.

- 연지가 쇠라면 가운이 기울 때 태어난 것으로 조상 덕도, 본인 덕도 없을 것이다.
- 월지가 쇠라면 부모덕도, 형제 덕도 없을 것이다. 금전적 손실이 있을 것이다.
- 일지가 쇠라면 외롭고 객지 생활을 할 것이다.
- 시지가 쇠라면 자식 덕도 없을 것이다.

병

병病은 노쇠해져 병에 걸린 것과 같은 상태다. 모든 것이 시들해지는 시기다. 어려운 일은 가급적 회피하려고 하거나, 좌절하고 낙심하는 경향이 강하다.

- 연지가 병이면 선조가 빈한했을 것이다. 어릴 때부터 질병으로 고생한다고 본다.
- 월지가 병이면 부모가 일찍 사망했을 가능성이 있다. 청년기 운이 좋지 못하다고 본다.

- 일지가 병이면 병약하고 외로울 것이다. 부모덕, 배우자 덕도 없을 것이다.

- 시지가 병이면 자손도 병약하니 평생 짐이 될 것이다. 말년이 편치 않을 것이다.

사

사死는 수명을 다하여 죽는 것이다. 모든 것이 침체되는 시기다. 이별의 고통이 따른다. 하지만 매사 순리에 따르고 생각이 깊어지는 경우도 있다.

- 연지가 사라면 조상에게서 물려받을 것이 없을 것이다.
- 월지가 사라면 부모·형제로부터 도움 받을 길이 없다. 늘 외롭다.
- 일지가 사라면 매사 시들하고 근심이 떠나지 않을 것이다.
- 시지가 사라면 자식 복을 기대하기 어려울 것이다.

묘

묘墓는 만물이 창고에 저장되거나, 사람이 죽어 묘지 속에 들어가는 것과 같다. 고정·보관·정지의 의미가 있다. 평안하고 안정적인 상태가 된다. 고통을 느끼지 않는다. 침착한 게 특징이다.

- 연지가 묘라면 조상을 모시는 격이다. 조상을 돌보니 복이 따를 것

이다.

- 월지가 묘라면 부모가 묘에 있으니 부모덕이 없다. 손해 보는 일이
  많을 것이다.
- 일지가 묘라면 배우자 덕도 없으니 마음이 늘 허전할 것이다.
- 시지가 묘라면 자식이 짐이 될 것이다. 외롭기 그지없을 것이다.

절

절絶은 만물이 땅속에서 기는 살아 있으되 아직 아무런 형체도 없이 고요히 잠겨 있는 것과 같다. 절처봉생絶處逢生이란 말대로, 절은 끝이지만 다시 창조의 기운이 움트는 시기다.

- 연지가 절이면 조상 덕이 약하다. 조업이 있다 해도 파하고 고향을
  떠나게 될 것이다.
- 월지가 절이면 부모·형제와 인연이 없다. 고생이 심해도 하소연할
  곳이 없을 것이다.
- 일지가 절이면 부모·배우자와 인연이 약해 몸도 마음도 지칠 것이다.
- 시지가 절이면 자식 근심이 그치지 않을 것이다.

태

태胎는 모체 내에 새 생명이 잉태되는 것과 같다. 시작의 시기로서 희망과 발전을 꿈꾸지만 아직 각별한 보호를 받아야 하는 상태다. 생각과

계획은 뛰어나지만 활동력은 미약하다.

- 연지가 태라면 좋은 가문의 후손이라고 본다. 하지만 유년기에는 고생을 겪을 것이다.
- 월지가 태라면 계획과 행동이 바뀌므로 앞날이 불투명할 것이다.
- 일지가 태라면 부모·형제·배우자와의 인연이 약하다. 직업도 자주 바뀌게 될 것이다.
- 시지가 태라면 조업을 잇기 어려울 것이다. 늙어서는 친척에게 폐를 끼칠 수 있다.

양

양養은 모체 내의 태가 세상으로 나오기 전까지 성장하는 과정이다. 편안하고 안전하게 성장하고 보호되는 상태다. 따라서 신중하고 착실하며 온건한 성질이 있다.

- 연지가 양이면 일찍 독립할 수 있다. 다른 부모와 사는 일도 있다.
- 월지가 양이면 타향살이를 하게 될 것이다. 주색잡기에 빠질 수도 있다.
- 일지가 양이면 생모가 아닌 사람의 손에서 자랄 수 있다. 건명은 재혼의 가능성이 있다.
- 시지가 양이면 자식이 있어도 같이 살기는 어렵다고 본다.

2부 연구편

음양론

음양의 존재

사주명리학의 이론은 대단히 다양하고 심오하지만 음양오행론으로 귀결된다는 말이 있다. 음양과 오행은 사주명리학의 기초이고 기반이지만, 음양과 오행의 변화야말로 우주 만물의 순환과 전환의 원리이며 인간 흥망성쇠의 원리임에 틀림없다.

음과 양이란 두 개의 존재인 음양이 언제, 어떻게 생성되었는지를 알기는 어렵다. 1부에서도 언급했지만, 역학의 관점에서는 일반적으로 천지간이 열리지 않아 어둠과 고요함이 엉긴 혼돈의 상태에서 새로운 기운이 생성되며 음양으로 분화되었다고 본다. 혼돈의 상태가 무극無極이고, 무극에 테두리가 생겨 태극이 되었으며, 태극이 음극과 양극으로 나뉘며 비로소 천지가 열리게 되었다는 것이다. 사주명리학에서는 음양의 생성에 이어 오행이 탄생함으로써 우주 변화의 진리 탐구를 시작하게 되었다고 풀이한다.

주역을 중심으로 하는 역학에서는 음양이 태양太陽·소양小陽·태음太陰·소음小陰으로 나뉘어 사상四象이 되고, 사상에서 다시 건乾·태兌·리離·진震·손巽·감坎·간艮·곤坤의 팔괘로 분화되었다고 풀이한다.

양원석은 음양을 다음과 같이 설명하고 있다.

"음양이란 하나 속에 들어 있는 둘입니다. 음양이란 언제나 함께 붙어다니는, 뗄 수 없는 짝입니다. 음양이란 짝이 있어야지, 혼자서는 존재할 수 없는 사이입니다. 음양이란 한 뿌리이면서도 영원히 하나가 될 수 없습니다. 음양이란 대립하면서도 화해하고 융화하면서도 대립합니다. 음양이란 고정되어 있지 않고 끊임없이 변화합니다. 음양이란 때와 장소와 쓰임새에 따라 변화합니다. 음양이란 그 힘과 양이 언제나 반비례합니다. 음양이란 대자연 속에 흐르는 한줄기 기운입니다. 음양이란 우주의 삼라만상에 모두 존재합니다. 음양이란 보이는 곳이나 보이지 않는 곳에도 모두 존재합니다. 음양이란 생명의 근원이요, 천지의 길입니다."

또 박주현은 음양을 다음과 같이 표현하고 있다.

"음양은 어느 한쪽만으로는 존재할 수가 없습니다. 음양은 이기고 지는 법이 없습니다. 음양은 서로서로 의지하고 도와줍니다. 음양은 항상 서로를 그리워하고 동경하지만, 영원히 만나서 하나가 될 수는 없습니다. 음양은 눈길이 머무르는 곳이면 어디나 있습니다. 음양은 눈길이 도달할 수 없는 곳에도 엄연히 있습니다. 음양은 작기로는 한 티끌 속에도 모두 들어가고, 또 크기로는 온 허공을 감싸고도 남음이 있습니다."

음양의 기준과 구분

　음양의 개념을 생각해보면 음양의 형상을 그려보고 그 속성을 가늠할 수 있다. 그렇다 해도 음양을 구분하는 기준을 살펴볼 필요가 있다.

　음양은 1부에서도 언급했듯이 자연계에 존재하는 사물과 현상의 대립되는 기운이나 성질이라 할 수 있다. 음양은 두 사물 간의 대립 관계일 수도 있고, 하나의 사물 내에서 대립하는 관계일 수도 있다. 물과 불의 관계를 보자. 두 개의 사물은 대립의 관계다. 물은 차갑고 아래로 흐르는 성질이다. 불은 뜨겁고 위로 솟아오르는 성질이다. 물이 음, 불이 양이다. 하나의 사물인 물만을 살펴보자. 물은 흐르지만 어떤 곳에서는 고이기도 한다. 흐르는 물과 고인 물은 대립되는 성격으로 각각 양과 음이 된다.

　음양은 사물의 형상·성향·기운 등의 기준으로 구분한다. 구체적으로는 소극과 적극, 후퇴와 발전, 연약과 강강, 내부와 외부, 물질적과 정신적, 보수적과 진보적, 음기와 양기 등이 음양 구분의 기준이 된다.

　이와 같은 기준에 따라 사물의 음양을 보면 다음과 같다.

음 - 땅地, 여자女, 물水, 아래下, 오른쪽右, 뒤後, 밤夜, 죽음死, 가난하다
　　貧, 천하다賤, 악하다惡, 신하臣, 받다受, 꾸중罰, 들짐승獸, 손님客,
　　아우弟, 달리다走, 숨다隱, 아내婦, 작다小, 적다少, 채워 있다實, 끝
　　終, 달月, 어둡다暗, 탁하다濁, 춥다寒, 습하다濕, 약하다弱, 부드럽다

柔, 가을秋, 겨울冬, 서쪽西, 북쪽北, 몸身, 추하다醜, 얇다薄, 무겁다重, 짧다短, 물러가다退, 고요하다靜, 공간空間, 겸양謙讓, 절망絶望

양 - 하늘天, 남자男, 불火, 위上, 왼쪽左, 앞前, 낮晝, 삶生, 부유하다富, 귀하다貴, 착하다善, 군주君, 주다與, 칭찬賞, 날짐승禽, 주인主, 형兄, 날다飛, 나타나다顯, 남편夫, 크다大, 많다多, 비어 있다虛, 시작始, 밝다明, 맑다淸, 따뜻하다暖, 건조하다燥, 강하다强, 단단하다剛, 봄春, 여름夏, 동쪽東, 남쪽南, 마음心, 아름답다美, 두껍다厚, 가볍다輕, 길다長, 나아가다進, 움직이다動, 시간時間, 교만驕慢, 희망希望

음양의 특성

음양의 개념을 살펴보았지만, 그 성질을 단순 명료하게 규정하기는 쉽지 않다. 천지·산수·주야·명암·상하·좌우·남녀·노소·사제 등 음양은 음과 양으로 구분할 수 있지만, 구분의 기준이 다양한 만큼 어떤 사물의 특성이 모든 것에 적용되는 것은 아니다. 음양의 일반적 특성을 정리해본다.

우선 음양은 보편성이 있다. 사물은 형상·성향·기운 등에서 대립되는 성질을 갖고 있다. 이러한 현상은 사물에 보편적으로 존재한다. 예를 들어 봄과 여름은 따뜻하므로 양이며, 가을과 겨울은 추우므로 음이다.

선생은 가르치므로 양이고, 제자는 배우므로 음이다.

음양은 상대성이 있다. 음양의 음과 양의 개념은 절대적이지 않다. 어떤 사물은 다른 사물에 대해 음이 되지만, 또 다른 사물에 대해서는 양이 될 수 있다. 조건의 변화에 따라 음양의 속성이 달라질 수 있는 것이다. 예를 들어 인체의 가슴은 등과의 관계에서는 음이 된다. 하지만 가슴은 복부와의 관계에서는 양이 된다.

음양은 가변성이 있다. 음양은 불변의 개념이 아니다. 언제, 어디서나 변화한다. 양은 항상 양이 아니라, 양이 분화해 음과 양이 되기도 한다. 음도 마찬가지다. 천지를 음양으로 구분하면 하늘은 양이고 땅은 음이 된다. 하지만 하늘은 양의 하늘과 음의 하늘, 땅은 양의 땅과 음의 땅으로 바뀔 수 있다. 기후의 변화에 따라 하늘은 맑은 날과 흐린 날, 땅은 마른 땅과 축축한 땅으로 바뀐다. 음양은 상황·조건·쓰임 등에 따라서 늘 변화하는 것이다.

음양은 공존성이 있다. 음양은 각각 음의 성질과 양의 성질이 섞여서 존재한다. 음양은 홀로 존재하는 것이 아니라 동전의 앞뒷면이나 칼과 칼날과 같이, 하나 속의 둘과 같은 존재다. 천지를 하늘과 땅으로 구분할 수 있듯이, 음양은 음과 양으로 나눌 수 있다. 하지만 하늘과 땅이 떨어져서는 각각의 의미가 없어지고 만다. 하늘이 없는 땅, 땅이 없는 하늘은 실제로는 가능한 일도 아니지만 아무튼 존재 가치가 없는 것이다. 음양은 음과 양이 대립하는 개념이 아니다. 함께해야 서로의 존재감과 역할이 분명히 드러나는 짝의 관계다.

오행론

사주와 오행

사주명리학에서도 음양은 기본이고 오행은 변화라고 본다. 우주 만물이 변화하며 질서를 이루면서 형상화된 다섯 가지의 정기가 오행이다. 오행은 그 자체가 우주의 질서다. 우주와 자연의 활동인 오행의 변화와 조화는 시작도 끝도 없는 원圓의 운동이다. 물론 목·화·토·금·수의 오행은 동양학이 우주의 질서를 바라보는 시각을 반영한다.

사주명리학에서 오행은 명주命主의 운기·성격·빈부·귀천 등에 직접적 영향을 미치는 중요한 요소다. 오행 중 어떤 오행이 강하고 약한지, 어떤 자리에 위치해 있는지, 다른 오행과 상생하거나 마찰하는지 등은 사주를 분석하는 데 필수적 역할을 한다.

또한 오행은 계절·시간·인생·오장육부·방위·위치·색깔·맛·숫자 등 사주명리학에서 응용되는 대단히 많은 영역에 분야별로 배속되어 활용된다.

오행의 속성을 파악하는 일은 사주명리학에서는 기본이 된다.

오행의 성질을 고찰하기에 앞서 오행의 특성 중 중요한 부분을 표로 살펴본다.

오행의 분야별 배속표

	목	화	토	금	수
천간	갑·을	병·정	무·기	경·신	임·계
지지	인·묘	사·오	진·술·축·미	신·유	해·자
계절	봄	여름	간절기	가을	겨울
시간	아침	낮	사이 시간	저녁	밤
방위	동	남	중앙	서	북
오수	청룡	주작	등사·구진	백호	현무
오장	간	심	비	폐	신
육부	담	소장	위장	대장	방광
신체	신경계 모발 두부	순환계 체온 시력	근육 소화기 허리·가슴	골격 피부 기관지	혈액 배설 비뇨기
성정	인	예	신	의	지
맛	신맛(酸)	쓴맛(苦)	단맛(甘)	매운맛(辛)	짠맛(鹹)
색	청	적	황	백	흑
수리	3·8	2·7	0·5·10	4·9	1·6
기타	생(生)·오름 희망적 미래지향적 유순·평화	장(長)·번짐 진취적 정열적 성급·예민	화(化)·수용 조직적 사교적 중립·공평	수(收)·수확 혁신적 비판적 추진·결단	장(藏)·저장 현실적 본능적 냉정·비밀

오행의 성질

목

목의 성격

목은 나무의 성질을 가장 많이 갖고 있다. 따라서 목은 곡직으로 불린다.

나무는 기본적으로 위로 자라고, 일정한 시기에 땅에서 새싹이 터서 자란다. 어두운 땅속에서 고개를 내민 새싹은 생명의 발아다. 따라서 목은 계절로는 봄, 시간으로는 아침, 인생으로는 소년기에 해당한다. 목의 가장 중요한 성격은 시작과 발생이라는 점이다.

나무의 구성 요소는 다양하다. 오행의 목은 나무의 성질을 갖고 있는데, 실제 나무는 오행의 성질을 모두 갖고 있다. 나무의 구성 요소는 뿌리·줄기·잎·꽃·열매·씨 등으로 볼 수 있다. 나무는 싹이 터 꽃을 피운다. 꽃은 밝고 아름답다는 점에서 화의 성분이다. 나무는 결실의 계절에는 열매를 맺는다. 열매는 단단하다는 점에서 금의 성분이다. 열매는 줄기를 통해 땅속의 영양분이 응결된 것이다. 영양분은 토의 성분이다. 나무는 뿌리를 통해 수분을 흡수하고 또 수분과 영양분을 축적하여 다음 세대를 대비하는 씨를 맺는다. 씨는 수의 결정체다. 이렇듯 나무는 그 종류별로 차이는 있지만 오행의 성질을 갖고 있다. 오행의 목은 목의 성질을 가장 많이 갖고 있지만, 오행 모두를 갖추고 있다는 점에서 생명체라는 특성이 있다.

나무의 활동은 봄에 매우 왕성하다. 영어로 봄을 의미하는 스프링처럼 나무는 봄에 솟구쳐 오른다. 그래서 오행의 목은 진취적이고 도전적인 성격이 있다.

나무는 곧게 자라는 것도 있지만 나선형으로 자라는 것도 있다. 하늘 높이 자라는 것도 있지만 작은 나무도 있다. 화초·풀과 같이 나무의 성질을 갖고 있는 것도 있다. 나무는 형상과 성질에 따라 양목·음목으로 나눌 수 있다. 양목·음목 모두 땅에 뿌리를 내리고 있다는 점에서 목은 기본과 근본을 중시하는 성격이 있다.

목의 형상

양목甲木·寅木: 큰 나무(소나무·느티나무·은행나무 등)·목재·원목·고목·사목·대들보·전봇대·말뚝·장작

음목乙木·卯木: 작은 나무(회양목·진달래 등)·화초·잔디·덩굴식물(등나무·칡 등)·채소

목의 발달

사주명리학에서 오행의 발달이라는 말은 오행 중 한 요소가 8개의 글자 중 3개 있다는 뜻이다. 다만 그 오행이 월지에 있으면 2개라도 발달로 본다. 월지는 일반적으로 모친의 자궁과 같다고 보아 월지의 오행은 2개로 치기 때문이다. 오행의 발달은 그 오행의 기운과 성격이 긍정적으로 작용하는 특징이 있다. 목이 발달하면 목의 성격이

활발하게 나타난다. 목의 발달로 인해 나타나는 현상은 다음과 같다.

- 대인관계가 무난하고 사회 적응력이 뛰어나다.
- 자신감과 명예감이 있다.
- 소신 있게 일을 추진하며 목표 지향적이다.
- 순수하고 일의 집중도가 높다.
- 주변 환경이나 여건에 크게 동요하지 않는다.
- 중도에 포기하지 않는다.

목의 과다

오행의 과다는 오행 중 한 요소가 8개 글자 중 4개 있다는 뜻이다. 다만 그 오행이 월지에 있으면 3개라도 과다로 본다. 오행의 과다는 오행의 기운과 성격이 지나쳐 부정적으로 표출되는 특징이 있다. 5개 이상이면 태과라고 하며, 오행의 특성이 부정적으로 나타나게 된다. 목의 과다는 과욕을 야기하여 시작은 근사하지만 끝은 시들하게 된다. 목의 과다로 인해 나타나는 현상은 다음과 같다.

- 자신의 주장을 내세우며 자신의 뜻대로 일을 처리하려고 한다.
- 일을 시작할 때 과욕이 앞서 끝맺음이 시원치 않은 경우가 많다.
- 일을 벌여놓고 책임을 회피하려고 한다.
- 좌절과 포기가 많다.

- 생각만 하다가 실행을 하지 못하는 일도 생긴다.
- 미래 지향적 성향에 묻혀 섬세함과 복잡함을 싫어한다.
- 미래를 향해 나아가지만 지배와 규제는 피해 가려고 한다.
- 목표는 원대하지만 행동력은 미흡하다.
- 일반 직장에 적응하기가 어렵다.

화

화의 성격

화는 불의 성질을 많이 갖고 있다. 따라서 화는 염상炎上으로 불린다. 불을 의미하는 한자 화는 사람 인人 자의 위 양쪽으로 두 팔을 뻗은 형상이다. 불은 들판의 불길처럼 위로, 옆으로 번져나가는 성질이 있으므로, 불의 성질인 화는 솟구치는 성향과 사방으로 번지는 성격을 갖고 있다. 화火는 꽃 화花, 될 화化, 화려할 화華와 상통하며 모든 것을 성장시키고 변화시키는 역할을 한다. 따라서 화는 계절로는 여름, 시간으로는 한낮, 인생으로는 청년기에 해당한다. 화의 가장 중요한 성격은 성장과 변화라는 점이다.

불은 무섭게 타오르고 그 모습은 화려하기도 하지만, 순식간에 재만 남기고 꺼지는 성질도 있다. 화는 지극히 정열적·의욕적이고 급격하지만 인내심이나 지구력은 미약한 성질이 있다. 또한 화려함의 뒤끝으로 공허함을 느끼게 되는 성향도 있다.

불의 불꽃은 선명한 색깔을 갖고 있다. 화는 불분명하거나 미적지근

한 것을 싫어하는 성격이다. 직설적·선동적이고 다혈질인 경향을 갖고 있다. 명확성을 고집하므로 어떤 문제에 대해 끝까지 시시비비를 가리고 논쟁을 하는 성질이 있다.

불은 태양과 같이 강렬하게 세상을 밝히고 만물의 생장을 돕는 열을 가진 불도 있고, 은은하게 어두운 세상을 밝히는 불도 있다.

화의 형상

양화丙火·午火: 태양·큰불·밝은 불·용광로·폭발력·난폭·투쟁·예의·선명

음화丁火·巳火: 달·별·촛불·전등불·호롱불·등대·꽃·문명·학자·봉사

화의 발달

팔자에 화가 3개 있음을 말한다. 화가 월지에 있으면 2개라도 화의 발달로 본다. 화가 발달하면 화의 성격이 두드러지게 나타난다. 화의 발달로 일어나는 현상은 다음과 같다.

- 적극적인 성격이라 삶의 의지가 강하다.
- 일을 자신 있게 처리하며 쉽게 좌절하지 않는다.
- 생각과 활동을 자유롭게 한다.
- 급하고 다혈질적이고 화려하지만, 일면 예의 바르고 인정이 있다.

- 예술 분야에 적성과 재능이 있다.

화의 과다

팔자에 화가 4개 있음을 의미한다. 화가 월지에 있으면 3개 이상도 화의 과다로 본다. 화의 과다는 화의 성질이 부정적으로 작용한다. 화의 과다로 인해 나타나는 현상은 다음과 같다.

- 시작은 화끈하지만 마지막에 도달하지 못하는 성향이 있다.
- 작은 일에도 목숨을 걸듯 몰입한다.
- 시시비비를 가리는 일에도 나중 일을 생각하지 않고 거침없이 달려든다.
- 곤명의 경우는 화장과 치장에 많은 시간과 돈을 투자한다.
- 정화를 포함한 화의 과다는 특히 예술 분야에서 끼를 드러낸다.

토

토의 성격

토는 흙의 성질을 많이 갖고 있다. 흙에서는 파종이 이뤄지고 오곡의 수확이 이뤄진다. 따라서 토는 가색稼穡으로 불린다.

흙은 만물의 생장과 결실이 이뤄지는 터전이다. 우리가 사는 터전이기도 하다. 흙은 사방 어디에든 존재한다. 토는 만물의 어머니라는 성격이 있다.

흙은 오행의 모든 성분을 포함하고 있다. 나무가 땅속에 뿌리를 내리니 목의 기운이다. 땅속의 용암은 분출되어 하늘로 솟아오르니 화의 기운이다. 땅속에는 암석이나 광물이 있으니 금의 기운이다. 땅속에는 지하수가 흐르니 수의 기운이다. 흙은 오행의 모든 성분을 수용해 섞이게 한다. 포용과 중용은 중앙이고 중립적이란 의미도 포함하고 있다. 따라서 토는 계절로는 사계절의 간절기이며, 인생으로는 중년기에 해당한다. 토는 포용과 중용이란 특성을 갖고 있다.

흙의 수용하는 성질은 모든 것을 덮고 감출 수 있다는 뜻이기도 하다. 모든 것을 숨길 수 있고 숨기고 있다. 비밀을 많이 감추고 있다 할 수 있다. 토는 다른 이의 의견이나 주장을 모두 받아들여 꿀 먹은 벙어리같이 입을 다무는 성격이 있다.

흙은 자신의 주체성이나 개성에 관계없이 점유자의 뜻에 따라 바뀔 수 있다. 흙은 논으로도, 밭으로도, 운동장으로도 바뀔 수 있다. 또한 질그릇으로도, 도자기로도, 유리로도 바뀔 수 있다. 다양하게 변신하는 특성이 있지만, 자신의 뜻에 따른 것은 아니다. 토는 주위의 변화에 적응하고 순응해 변화하는 성질을 갖고 있다.

토는 중화의 자세로 모든 것을 수용하고 포용하면서 새로운 것으로 변신한다는 점에서 오행 중 가장 세심하게 살펴야 한다.

토의 형상

양토戊土·辰土·戌土: 대지·큰 산·고산준령·벌판·둑·언덕·성곽·운

동장·고독·신의

음토르土·표土·축土: 논밭·초원·화단·마당·도로·모래밭·구름·모
성·임산부

토의 발달

팔자에 토가 3개 있음을 말한다. 토가 월지에 있으면 2개라도 토의
발달로 본다. 토는 계절과 시간 사이의 오행을 중재하는 역할을 하
기 때문에 토의 발달은 토의 변화를 잘 살펴야 한다. 토의 발달로 일
어나는 일반적인 현상은 다음과 같다.

- 은근히 고집이 드러나지만 모가 날 정도는 아니다.
- 포용력이 있으며 배려하는 마음을 갖고 있다.
- 인색하지 않고 희생하는 정신도 있다.
- 신용과 중용을 중시한다.
- 일을 끈기 있게 처리하며 사람과 사람을 연결하는 역할을 한다.
- 지적인 면에서 인도자가 되는 특징이 있다.

토의 과다

팔자에 토가 4개 있음을 의미한다. 토가 월지에 있으면 3개 이상도
토의 과다로 본다. 토의 과다는 토의 성질이 부정적으로 나타난다.
토의 과다로 인해 나타나는 현상은 다음과 같다.

- 고집이 세고 자신에 대한 믿음이 지나치다.

- 타인의 의견을 무시함으로써 주변과 갈등을 빚는다.

- 예측 불가능한 행동을 하며 비밀이 많다.

- 자신의 감정을 쉽게 내보이지 않으려고 한다.

- 약속한 일도 불리한 상황이면 지키지 않는다.

- 자신의 주장을 굽히지 않는 고집불통의 성향이며, 토라지면 타협
  을 거부한다.

- 자신의 주장이 틀렸다는 게 밝혀지면 화를 내고 단절하기도 한다.

- 한번 믿으면 끝까지 믿는 성향도 있어 큰 손해를 보는 경우도 생
  긴다.

- 때로는 빌려준 돈을 돌려달라고 말하지 못하는 일도 있다.

금

금의 성격

금은 쇠붙이의 성격을 많이 갖고 있다. 따라서 금은 종혁從革으로 불
린다.

쇠는 단단하다. 나무가 싹이 터 꽃이 피고 열매가 맺혀 자라서 익으
면, 쇠붙이처럼 단단하게 무르익은 열매가 된다. 금은 바로 무르익
은 열매와 같다. 따라서 금은 계절로 치면 결실의 계절인 가을이며,
시간으로는 저녁이고, 인생으로는 장년기에 해당한다. 금은 주체성
과 자제력으로 자신의 영역과 의식을 지키는 특성이 있다.

쇠는 사물을 자르고 찌르는 예리하고 강건한 성격이 있다. 생명을 죽일 수 있는 기운, 숙살지기肅殺之氣와 매운맛을 지니고 있다. 금은 매우 사납고 죽이는 힘의 성격을 갖고 있다. 금이 없으면 결단력이 부족하고 마무리도 신통치 않다는 분석을 하게 되는 것도 이 때문이다.

쇠붙이는 강건하기 때문에 두려움 없이 대들고 나아가는 성격이 있다. 금은 결판을 내거나 당한 일을 잊지 않고 반드시 되갚는 성격을 갖고 있다. 금은 맺고 끊음이 분명하고 한번 맺은 인연을 버리지 않는 성격이 있다. 금이 의리로 표현되기도 하는 이유다.

쇠붙이는 단단하고 변하기 어렵다. 쇠는 용광로에 들어가면 액화하지만 차가운 공기를 만나면 다시 단단한 고체로 변한다. 쇠는 두드림이나 주물을 통해 칼이나 도끼·기계 등으로 만들어지지만 모양만 바뀐 것일 뿐 본성이 바뀐 것은 아니다. 금은 바뀌지 않는, 바뀌어도 다시 원래로 돌아가는 성질이 있다.

금의 형상

양금庚金·申金: 큰 쇠·큰 바위·무기·자동차·큰 도구
음금辛金·酉金: 보석·옥돌·칼·바늘·침·수저·장신구

금의 발달

팔자에 금이 3개 있음을 말한다. 금이 월지에 있으면 2개라도 금의 발달로 본다. 금이 발달하면 금의 성격이 두드러지게 나타난다. 금의 발달로 일어나는 현상은 다음과 같다.

- 맺고 끊음이 확실하며 결단력이 있다.
- 일의 시작과 마무리가 확실하다.
- 냉정하지만 가슴 깊이 측은지심을 지니고 있다.
- 친구와 적이 분명하다.
- 친구를 사귀는 데 문제가 생기기도 하나 일단 사귀면 따뜻한 정을 느낄 수 있다.

금의 과다

팔자에 금이 4개 있음을 의미한다. 금이 월지에 있으면 3개 이상도 금의 과다로 본다. 금의 과다는 금의 단단하고 차가운 성질이 부정적으로 작용한다. 금의 과다로 인해 나타나는 현상은 다음과 같다.

- 독불장군·고집불통의 성향을 드러낸다.
- 명국의 구성이 좋지 않으면 폭군과 같이 난폭한 기질을 보인다.
- 자신의 생각을 강요하고 타인의 말을 듣지 않는다.
- 자신은 도덕심이 강하고 옳은 생각과 행동을 한다고 믿는다.
- 냉정한 말로 타인에게 상처를 준다.
- 독창적 사고를 갖고 있으며 그것을 실천하는 능력도 있다.

- 비판 능력이 뛰어나다.

수

수의 성격

수는 물의 성질을 많이 갖고 있다. 따라서 수는 윤하潤下로 불린다. 물은 만물의 젖줄이다. 만물은 물 없이는 생존할 수 없다. 물은 대지의 원동력이다. 그리고 물은 만물의 씨앗이 된다. 씨앗은 결실의 단계를 지나 새로운 삶을 준비하는 마무리를 의미한다. 따라서 수는 계절로는 겨울, 시간으로는 밤이며, 인생으로는 노년기에 해당한다. 또한 나무의 씨앗과 같이 마무리이며 새로운 시작이기도 한 성질을 갖는다.

물은 위에서 아래로 흐른다. 물은 흐르다가 산이나 돌을 만나면 돌아나가며, 가로막히면 잠시 머물러 있다가 넘치면 다시 흐른다. 물은 거꾸로 흐르지는 않는다. 수는 물처럼 순리에 따르는 성질이 있다.

물은 땅속으로 스며드는 성질이 있다. 땅속에 스며든 물은 지하수가 된다. 지하수는 형태와 모습을 드러내지 않고 은밀하게 움직이지만, 대지의 생명수라는 지대한 역할을 한다. 수는 자신을 드러내지 않고 은밀하게 움직이는 속성이 있고, 지하수처럼 소리 없이 나아가는 추진력이 있다.

물은 열을 만나면 증발하고, 찬 기운을 만나면 고체가 되는 성질이 있다. 물은 더운 기운을 만나 수증기가 되어 대기 중으로 이동하다가 찬 기운을 만나 비가 되거나 얼음이 되어 다시 땅으로 돌아온다. 비와 눈은 때로 폭우와 폭설로 우리를 고통스럽게 하기도 한다. 수는 힘이 축적되거나 화가 나면 통제하기 어려울 정도로 사나워지는 속성이 있다.

물은 용기의 형태대로 모양이 바뀐다. 물은 병에 담기면 병 모양으로, 그릇에 담기면 그릇 모양으로, 호수에 담기면 호수의 모양이 된다. 수는 모든 일에 유연하게 대응하는 융통성이란 특성이 있다.

수의 형상

양수壬水·子水: 바다·호수·강·저수지·구름·얼음·넓은 도랑·지혜로움

음수癸水·亥水: 샘물·시냇물·옹달샘·비·눈·유동적·궁리가 많음

수의 발달

팔자에 수가 3개 있음을 말한다. 수가 월지에 있으면 2개라도 수의 발달로 본다. 수가 발달하면 수의 성격이 두드러지게 나타난다. 수의 발달로 일어나는 현상은 다음과 같다.

- 두뇌 회전이 빠르다.
- 지혜롭고 총명하다.
- 식견도 높고 배움에 대한 열망이 크다.

- 치밀한 성격으로 기획력이 뛰어나다.
- 순간적인 재치도 있고 아이디어도 많다.
- 성실하고 부지런하다.
- 예민하고 침착하지만, 내성적이라서 그에 따른 질병에 시달릴 수 있다.

수의 과다

팔자에 수가 4개 있음을 의미한다. 수가 월지에 있으면 3개 이상도 수의 과다로 본다. 수의 과다는 수의 성질이 부정적으로 작용한다. 수의 과다로 인해 나타나는 현상은 다음과 같다.

- 총명과 지혜가 지나쳐 술수나 잔재주를 부린다.
- 손익 관계 및 이해관계의 계산이 빠르다.
- 상상력이 과도해서 공상의 세계에 빠져들거나 이상주의자가 된다.
- 생각에 비해 실천력이 떨어진다.
- 자신의 생각이 거부당하면 자신감을 잃고 우울증이나 자폐증에 시달리는 경우도 있다.

오행의 변화(생·극·제·화)

생

생生은 '낳다, 살다, 살리다'라는 뜻이다. 오행론에서 생의 의미는 우주 만물의 활동은 오행이 순행하며 생한다는 것이다. 오행의 유통이라고도 한다.

오행이 순환하며 생하는 목생화木生火·화생토火生土·토생금土生金·금 생수金生水·수생목水生木이 오행의 생이다. 나무는 태워서 불을 생하고, 불은 재가 되어 흙을 생하고, 흙은 땅속에 돌을 생하고, 돌은 바위틈에 서 물을 생하고, 물은 수분으로 나무를 생한다는 것이다.

생이 이루어지면 생을 하는 오행과 생을 받는 오행의 힘이 변하게 되 는데, 사주의 길흉 판단과 분석에서는 중요하다. 생에는 변화가 많기 때 문이다.

생은 정상적인 생도 있고 비정상적인 생도 있다. 정상적인 생은 생을 하는 쪽과 받는 쪽의 힘이 균형을 이룬 경우다. 비정상적인 생은 생을 하는 쪽과 받는 쪽의 힘이 지나치게 한쪽으로 쏠린 경우다.

또한 생은 양은 양, 음은 음을 생하는 동성 간 생과 양이 음, 음이 양을 생하는 이성 간의 생도 있다. 동성 간 생이 이성 간 생보다 생의 힘이 강 하다.

극

극克,剋의 뜻은 '이기다, 칼로 이기다'라는 뜻이다. 오행론에서 극은 우주의 오행이 순행하는 질서를 무너뜨리고 한쪽이 다른 한쪽을 압박하여 승리를 추구하는 것이다.

오행의 극은 목극토木克土 · 화극금火克金 · 토극수土克水 · 금극목金克木 · 수극화水克火가 있다.

극은 상반되는 두 가지의 의미를 갖고 있다. 우선 상대를 압박하고 전쟁을 불사하는 힘의 논리가 작용하는 기능이다. 극이 추구하는 것은 승리다. 또 하나는 적당한 자극을 주며 변화를 추구하는 기능이다. 금극목의 경우 톱으로 나무를 잘라 재목으로 만드는 것과 같다. 다시 말해 극은 공격과 자극이 되는 것으로, 반드시 흉한 것만은 아니라는 말이다.

생과 마찬가지로, 정상적인 극과 비정상적인 극이 있다. 정상적인 극은 극을 하는 쪽과 당하는 쪽의 힘이 균형을 이룬 경우다. 비정상적인 극은 극을 하는 쪽과 받는 쪽의 힘이 지나치게 한쪽으로 쏠린 경우다.

또한 천간 오행의 극은 극이 아니라 합이 되는 경우도 있다. 양의 천간인 갑목 · 병화 · 무토 · 경금 · 임수가 각각 음의 천간인 기토 · 신금 · 계수 · 을목 · 정화를 만나면 극이 되지 않고 합이 되어 성분이 바뀌는 경우가 생긴다. 따라서 천간의 극이 합이 되는지도 잘 살펴야 한다.

제 · 화

오행론에서 제制의 뜻은 제약이다. 화化의 뜻은 생화生化, 즉 생이 된다는 뜻이다. 제·화는 생극의 과정을 통해 조절되는 작용을 의미한다. 예를 들면 목은 토를 극하지만 토는 금을 생하고, 금은 목을 극함으로써 목이 거만하지도 쇠약하지도 않게 하며, 결국 목은 양분을 흡수하여 화를 생하게 된다는 것이다. 다른 오행의 제·화도 마찬가지다.

과다

사주명리학에서는 중화를 중시한다. 하지만 오행의 생과 극이 불균형인 경우가 많다. 오행론에서는 생과 극의 불균형 중 과다의 작용을 경계한다. 생이나 극이 과다하게 이루어지면 역작용이 나타나기 때문이다.

생의 과다로 나타나는 역작용은 두 가지다. 우선 생을 하는 쪽이 지나치게 많으면 받는 쪽은 생하는 힘을 감당하지 못한다. 수다목부水多木浮(腐)·목다화색木多火塞·화다토초火多土焦·토다금매土多金埋·금다수탁金多水濁 등이 그러하다. 수다목부는 물이 지나치면 나무가 물에 둥둥 뜨거나 나무뿌리가 썩는다는 것이다. 목다화색은 나무가 너무 많아 불씨가 살아나지 못한다는 것이다. 화식火熄으로 표현되기도 한다. 화다토초는 불이 지나치면 흙을 메마르게 한다는 것이다. 토조土燥로 표현되기도 한다. 토다금매는 흙이 산더미 같으면 금이 매몰되어 활용할 수 없게 된다는 것이다. 금다수탁은 바위 속 물의 근원이 많으면 물이 흐려진다는 의미다.

다음으로는 생을 받는 쪽이 지나치게 많으면 생을 하는 쪽은 힘이 달려 허덕이게 된다. 수다금침水多金沉·목다수축木多水縮·화다목분火多木焚·

120

토다화회土多火晦·금다토허金多土虛 등이 이런 경우다. 수다금침은 물이 넘쳐 물의 근원인 바위 속도 물에 잠기게 한다는 뜻이다. 목다수축은 나무가 많으면 흡수하는 수분의 양이 많아 물을 줄어들게 한다는 것이다. 화다목분은 커다란 화재는 나무를 모두 태운다는 것이다. 토다화회는 많은 흙이 불을 꺼 어둡게 한다는 뜻이다. 금다토허는 많은 광물을 캐내 땅을 허전하게 한다는 뜻이다.

극의 과다도 역작용이 나타난다. 극을 당하는 쪽의 힘이 매우 강하면 극하는 쪽이 오히려 피해를 보게 된다. 수다토산水多土散·목다금결木多金缺·화다수건火多水乾·토다목절土多木折·금다화식金多火熄 등이 이런 경우다. 수다토산은 홍수와 같이 물이 넘치면 흙이 물을 가두지 못하고 오히려 휩쓸려 간다는 뜻이다. 토붕土崩으로 표현되기도 한다. 목다금결은 나무가 거대하면 도끼도 이지러진다는 뜻이다. 화다수건은 불이 거대하면 물이 불을 대적하지 못하고 마른다는 뜻이다. 수갈水渴로 표현되기도 한다. 토다목절은 산사태와 같이 흙이 넘치면 나무가 꺾이고 부러진다는 뜻이다. 금다화식은 돌이 많으면 불이 꺼진다는 의미다.

오행의 생극제화와 과다는 6장 합충론에서 다시 언급한다.

천간론

갑목

글자의 뜻

"갑甲은 동쪽이며 처음이다. 양기가 처음으로 움직이기 시작한다."

"갑은 나무가 껍질을 위에 이고 있는 모양을 상형한 것이다."

"갑은 만물이 껍질을 가르고 나오는 것이다."

"갑에서 껍질을 이고 나온다出甲於甲."

"갑은 일一에서 시작하여 십十에서 드러나고 한 해 만에 나무로 자라는 형상이다."

2,000여 년 전 쓰여진 중국 자전의 원전인《설문해자說文解字》를 수많은 문헌을 수집·참고해 연구한《설문해자주석서》에 실린 갑의 풀이다.

거북이 등딱지의 상형이 자원字源으로 되어 있다.

오늘날 자전에서는 갑을 첫째 천간 갑·첫째 갑·첫째 갈 갑·시작할 갑·껍질 갑·갑옷 갑 등으로 풀이한다.

형상

큰 나무·대림목大林木·동량목·목재·통나무·전주·가로수·기둥·고
층 건물·석탑·동상·큰 도로·농장·학교·동쪽·장남·안테나 등이다.

성격(일간 기준)

갑목은 하늘을 찌르듯 거침없이 자라는 나무와 같다. 크기가 장대하
다. 목재로는 대들보 역할을 한다. 그 성정이 곧고 바르다. 진취적 기상
도 갖고 있고 이상도 높다. 갑목은 크고 굵기 때문에 베어지거나 부러질
지언정 꺾이기를 거부한다. 다른 사람에게 절대 굽히지 않는다.

갑목은 천간의 첫 번째로 시작하고, 가장 앞서나간다는 의미가 강하
다. 조직의 우두머리·리더·책임자의 성향이 있다. 책임감과 자존심이
강하다. 간섭이나 구속을 배격한다. 곤란한 일을 당해도 남에게 아쉬운
소리를 하지 않는다. 다른 사람의 말도 듣지 않는다.

솔직하고 당당하며 적극적이다. 하지만 때로는 우월감이 표출되어 공
공의 적이 되기도 하며, 경쟁자가 생기는 경우가 많다.

보스가 되지 못하거나 보스 기질을 살릴 수 없게 되면 의외로 쉽게 실
망하거나 엇나가는 행동을 하는 일이 많다.

대부분의 사태에 반항적으로 대응한다. 자신의 잘못을 인정하기보다
는 남 탓으로 돌리는 경향이 있다. 시기·질투·변덕의 성향을 보인다.

갑목의 곤명 역시 활동력과 생활력이 강하다. 집안의 가장 역할을 하는 일이 많다.

갑목의 속성은 음양으로는 양목이다. 인의예지신仁義禮智信 중 인의 속성이다. 방위는 동쪽이다. 계절은 봄이다. 색깔은 청색이다. 신체로는 담낭·얼굴·수족·동맥을 뜻한다.

천간과의 관계(일간 기준)

사주에서 갑목이 붙어서 2개이면 숲이 되는 형상이다. 경쟁자가 생긴 셈이므로 드러나기 위해 움직일 수밖에 없다. 경쟁을 위한 활동성이라고 푼다. 하지만 숲에서는 길을 잃을 수도 있다. 리더십이 흐려질 수 있다는 말이다. 갑갑하다는 말도 이에서 비롯된다.

갑목이 3개인 갑의 삼련三聯이면 활동력이 대단하다. 명예·부귀가 따른다고 본다.

갑목이 4개이면 통목通木이 되는 셈으로 절대 꺾이지 않는다. 혼돈의 상태로도 푼다.

갑목이 을목을 만나면 작은 나무라고 도외시하면서도 속으로는 경계한다. 을목은 칡처럼 갑목을 감고 올라가는 등라계갑藤蘿繫甲의 성질이 있기 때문이다.

갑목이 병화를 만나면 나무가 태양의 양기를 받으니 나무가 쑥쑥 자라는 형상이다. 기가 상통해 실력과 권위가 나타난다고 본다.

갑목이 정화를 만나면 모닥불의 형상이다. 갑목은 장작불이 되어야 하는데 모닥불이 되니 뜻에 비해 유통이 적다고 본다.

갑목이 무토를 만나면 민둥산의 외로운 나무禿山孤木의 형상이다. 다른 간지의 조합이 잘 이뤄지지 않으면 좋은 일은 없을 것이다.

갑목이 기토를 만나면 커다란 나무가 논에 쓰러진 형상이다. 소탐대실이라고 푼다.

갑목이 경금을 만나면 가지치기가 된 좋은 재목의 형상이다. 기상이 뚜렷하고 한결같다고 푼다. 갑목과 경금 모두 강건한 성질이라 균형이 필요하다.

갑목이 신금을 만나면 나무 기둥이 칼이나 도끼를 만난 형상이다. 나무도 칼도 상처를 입는다. 관재·구설수를 만나게 된다고 본다.

갑목이 임수를 만나면 호숫가에 큰 나무의 그림자가 드리운 형상이다. 인기를 얻게 된다고 본다. 병화를 만나면 수화기제水火旣濟 형태로 일이 잘 풀릴 것이다.

갑목이 계수를 만나면 나무가 구름에 가린 형상이다. 우울하고 속이 상한 상태로 푼다. 계수가 병화와 붙으면 안개가 피어올라 앞이 안 보이는 형상이 되지만, 계수와 병화가 갑목의 양쪽에 있으면 문제가 풀릴 것이다.

을목

글자의 뜻

"을乙은 봄에 초목이 구부러져 나오는데 음기가 여전히 강하기 때문에 그 나오는 모습이 구불구불한 모양을 형상화하였다."

"을은 갑을 이어받아 사람의 목의 모양을 상형하였다."

"을은 만물이 힘들게 생겨나는 모습을 말한다."

"을에서 분쟁이 생긴다奮軋於乙."

"생각이 힘들게 나오는 것이 마치 뽑아내는 것 같다."

《설문해자주석서》에 실린 을의 풀이다.

자원은 갈지 자 형 물상을 본떠 사물이 나아가지 못하는 상태를 나타낸 것으로 되어 있다.

오늘날 자전에서는 을을 둘째 천간 을·둘째 을·표할 을·굽을 을·삐걱거릴 을·을골(을자형 뼈) 을 등으로 풀이한다. 또한 을을 부수로 새鳥 을로 표기한다.

형상

화초·잔디·풀·화분·담쟁이·등나무·칡·곡식·채소·유실수 생목·묘목·유목幼木·습목濕木·섬유·의류·종이·공예품 등이다.

성격(일간 기준)

을목은 바람에 흔들리는 나무나 화초와 같다. 갑목과는 같은 목이라 해도 성격은 상이하다. 갑목이 직선적이고 진취적인 데 비해 을목은 곡선적이고 수용적이다. 을목은 부드럽고 유연해 겉으로는 약해 보이지만 속은 그렇지 않다. 외부와의 관계에 유연하게 대처하지만 내적으로 자신의 세계를 무너뜨리지 않는다. 외유내강의 성격을 갖고 있다.

을목은 환경 적응력이 뛰어나 생명력이 강인하다. 을목은 막히면 굽히거나 나선형으로 뚫고 나간다. 비바람이 몰아치면 몸을 그냥 맡긴다. 흔들리지만 부러지거나 뿌리가 뽑히지 않는다.

을목은 상황 판단과 대응력이 매우 빠르지만, 이를 이용하려는 성질과 타인에 의지하려는 경향이 있다. 을목은 성격이 앞에서 언급한 등라계갑의 성격으로 비판받는 일도 생긴다.

을목은 기본적으로 굴신의 성질이 있다. 조용하다가도 말이 많아지는가 하면 자기주장을 하다가 환경 변화에 따라 의견을 접기도 한다. 겉으로 무심한 척하다가 갑자기 화를 내기도 한다. 사고와 행동이 현실적인 경향이 있다.

을목은 화초의 성격도 드러낸다. 아름다움을 추구하고 화려함을 뽐내는 성향이다. 예술적인 재능을 가진 경우가 많다. 하지만 허영심과 사치가 심한 경향도 보인다.

을목의 속성은 음양으로는 음목이다. 인의예지신 중 인의 속성이다. 방위는 동쪽이다. 계절은 봄이다. 색깔은 청색이다. 신체로는 간·목·머리카락 등을 뜻한다.

천간과의 관계(일간 기준)

사주에서 을목이 붙어서 2개이면 화초가 뒤섞인 형상이다. 경쟁이 심화되지만 좋다고 할 수는 없다. 또한 새떼가 모인 형상이 되어 시끄럽고 말이 많아진다. 역시 유익하지 않다.

을목이 3개로 을의 삼련이면 꽃이 만발한 형상이니 가무에 능하고 인기가 많다. 성심을 다하면 공명을 얻을 수 있다.

을목이 4개이면 을목 하나로 푼다. 을목의 진수를 보여준다고 할 수 있다.

을목이 갑목을 만나면 등라계갑의 형상이다. 타인의 도움을 받아 성공할 수 있다고 본다. 성공 후에는 갑목을 경시하는 경향이 있다.

을목이 병화를 만나면 화초가 해를 만나 빛나는 형상이다. 능력을 발휘하고 좋은 평가를 받게 된다고 본다.

을목이 정화를 만나면 온실의 화초와 같은 형상이다. 혼자만 아름다워질 수는 없다. 남을 돕는 일에 나서야 할 것이다.

을목이 무토를 만나면 고원의 작은 나무와 같은 형상이다. 자신을 드러내기 어렵다.

을목이 기토를 만나면 좋은 땅에서 자라는 화초 격이다. 화초가 잘 자란다. 병화가 있으면 뜻을 이룰 수 있다. 잘못되면 잡초가 무성해질 수 있다.

을목이 경금을 만나면 큰 바위 앞의 화초와 같은 형상이다. 자신의 뜻을 펼치기 어렵다.

을목이 신금을 만나면 화초가 낫을 만난 격이다. 의기가 꺾인다.

을목이 임수를 만나면 물에 뜬 연꽃의 형상이다. 꽃이 활짝 필 수도 있지만 사주에 수기가 많으면 정처 없이 떠다니게 될 수도 있다.

을목이 계수를 만나면 화초가 수분을 공급받는 격이다. 생기를 얻게 된다. 하지만 병화가 계수와 다투지 말아야 한다. 물이 마를 수도 있기 때문이다.

병화

글자의 뜻

"병丙은 남쪽에 위치한다."

"만물이 분명한 모습을 이루게 되면 음기가 처음으로 일어나고 양기는 사라지려고 한다."

"일一과 입入과 경冂으로 구성되었다. 一은 양이다."

"병은 을을 잇는다."

"사람의 어깨를 상징하였다."

"병은 밝다는 뜻이다. 모든 사물이 밝게 드러난다."

"병에서 밝아진다明炳於丙."

《설문해자주석서》에 실린 병의 풀이다.

병의 자원은 다리가 내뻗친 상의 모양을 본뜬 것으로 되어 있다.

오늘날 자전에서는 병을 셋째 천간 병·남녘 병·불 병·강할 병·빛날 병 등으로 풀이하고 있다.

형상

태양·장수·장군·광선·전열기구·타오르는 불·큰불·연료·화약· 폭발물·인화물·방사선·조명 기구·화공 약품·비디오·간판·네온사인 등이다.

성격(일간 기준)

병화는 밝고 환한 태양과 같다. 강한 빛과 열기를 사방으로 발산하는 형상으로 모든 것에 영향을 미치려고 한다. 열보다는 빛의 역할이 크다. 병화의 기본적 성질은 밝고 명랑하며 매사 정열적이고 진취적이다. 하지만 빛은 해가 지면 흔적도 없어진다. 포기도 빠르고, 쉽게 싫증을 느끼는 성질도 있다. 적극적이고 급한 성격이라 실수도 많이 한다.

병화는 세상 곳곳을 비춰주는 태양처럼 매사 공평하게 대하는 성질이 있다. 골고루 잘해주고 타인을 속이는 일이 거의 없다. 직설적 화법과 옳고 그름을 분명히 구분하기를 좋아한다. 하고 싶은 말을 참지 못해 말이 지나치게 많거나 잘난 체를 해서 구설수에 오르기도 한다.

병화는 태양처럼 이상과 포부가 원대하고 목표가 크다. 사물을 판단하는 능력도 뛰어나고 빠르다. 하지만 집중력과 세심함이 부족해 계획성은 별로 없다. 자신을 과신하고 드러내기를 좋아하므로 허풍도 세다. 자신이 가장 높다고 생각해 다른 사람을 경시하는 경향이 있다.

병화는 양중의 양이다. 용기와 과단성이 있고 활동력이 왕성하다. 보스 기질이 있다. 하지만 번뜩이는 빛과 같이 순간적으로 폭발하는 히스테리 기질도 있다. 모험을 즐기는 성향이 있다.

병화는 빨리 달아오르고 빨리 식는 속성이라 끈기와 지속성이 부족하다. 호불호가 분명해서 한 번 싫다고 느끼면 다시 상종하지 않는 극단적인 성격을 갖고 있다. 독선적인 성향이 있으므로 고립을 자초하게 되기도 한다.

병화의 속성은 음양으로는 양화다. 인의예지신 중 예의 속성이다. 방위는 남쪽이다. 계절은 여름이다. 색깔은 적색이다. 신체로는 소장·눈·어깨 등을 뜻한다.

천간과의 관계(일간 기준)

사주에서 병화가 붙어서 2개이면 태양이 둘이 되는 모양이다. 강력한 경쟁자가 있으니 두각을 나타내기 위해 더욱 나선다고 풀이한다. 시기·질투 등의 무리수를 주의해야 한다.

병화가 3개로 병의 삼련이면 지나치게 나서는 경우가 많다.

병화가 4개이면 불바다에 있는 형국이다. 통제 불능의 상황으로 병화의 성질을 잃게 된다. 자신을 무너뜨리게 된다고 푼다.

병화가 갑목을 만나면 태양이 나무를 길러 열매를 맺게 할 수 있는 상이다. 하고 싶은 일을 할 수 있으니 행운이 따른다고 본다.

병화가 을목을 만나면 태양이 화초를 대하는 형상이다. 꽃만 키우니 들인 공에 비해 소득은 미흡할 것이다.

병화가 정화를 만나면 해와 달이 만난 형세라 사주가 잘 짜여 있으면 낮도 밤도 좋겠다.

병화가 무토를 만나면 해가 산에 가린 격이다. 출세 후 불명예가 따를 수 있다.

병화가 기토를 만나면 해가 좋은 땅을 비추니 작물이 잘 자랄 수 있는 격이다. 하지만 해가 습토에서 피어오르는 안개에 가려지는 형국이 되기도 한다.

병화가 경금을 만나면 강한 화와 강한 금의 대적으로 사나운 마음이 일어나는 형세다. 매사 칼날같이 분명하지만 공명을 이루기는 쉽지 않을 것이다.

병화가 신금을 만나면 태양 빛이 칼에 반사되는 격이다. 자신의 역할을 해내기 어렵겠다.

병화가 임수를 만나면 해와 물이 만나는 격으로 둘이 조화를 이루면 공명을 이룰 수 있다. 하지만 수의 오행이 강해 태양이 물에 빠지는 형세가 될 수도 있다.

병화가 계수를 만나면 물에서 피어오르는 안개로 태양이 가리는 형국이다. 직장과 같은 조직의 생활은 맞지 않을 것이다.

정화

글자의 뜻

"정丁은 여름에 만물이 왕성하다는 뜻이다."

"정은 병을 잇는다."

"사람의 심장을 상형하였다."

"정은 만물이 성한 것을 말한다."

"정에서 크게 성하게 된다大盛於丁."

"제때가 되면 만물이 모두 강대해진다."

《설문해자주석서》에 실린 정의 풀이다.

정의 자원은 못을 위와 옆에서 본 형태를 본떠 못의 뜻을 나타낸 것으로 되어 있다.

오늘날 자전에서는 정을 넷째 천간 병·성할 정·장정 정·당할 정·말뚝 박는 소리 정 등으로 풀이하고 있다.

형상

달·별·은하수·촛불·모닥불·등불·등대·화롯불·난로·가스레인지·전열 기구·전화·TV·오디오·컴퓨터·오락기·용광로 등이다.

성격(일간 기준)

정화는 하늘에서는 달과 별과 같고 땅에서는 촛불·모닥불처럼 살아 있는 불과 같다. 어둠을 밝히는 작은 빛이고 살아 있는 뜨거운 불이다.

빛보다는 불의 역할이 크다. 차가운 성정을 지닌 불길이다. 겉으로는 양의 성질이지만, 안으로는 음의 성질을 갖고 있다. 정열적이지만, 식을 때는 완전히 소멸한다.

연기를 내면서 타오르는 불길처럼 정화는 강한 생명력을 갖고 있다.

정화는 작은 불처럼 겉으로는 대수롭지 않게 보이지만, 불씨가 큰 불로 바뀔 수도 있듯이 속으로는 자존심이 대단히 강하다. 평소 차분하지만 갑자기 폭발하는 성질이 있다.

정화는 자신을 태워 빛과 열을 내는 촛불·모닥불처럼 헌신적이고 봉사적인 성격이 있다. 바른 자세를 중시하고 잔꾀를 부리지 않는다. 하지만 상대가 불성실하거나 부정한 행위를 하면 이해관계에 관계없이 옳고 그름을 따지거나 혐오하는 성향이 있다.

정화는 외유내강 성향으로 표면적으로는 사람과 잘 어울리고 화술도 좋은 성격을 갖고 있다. 예술성도 있다. 하지만 사고와 행동은 현실적인 측면이 있다. 자신의 행위에 대한 칭찬이나 대가를 바라는 편이다. 나만 보아주길 바라는 성격이다. 하지만 실제로 실리를 챙기지 못하는 편이다. 또한 큰 모임이나 조직의 우두머리가 되기엔 부족하다고 본다.

정화는 감정이 불꽃과 같이 이리저리 흔들린다. 변덕이 심하고 이익에 따라 움직여 이중적인 성격이란 말도 듣게 된다. 속성이 왔다 갔다 하는 것인데 명리학에서는 체와 용이 다른 것이라고 한다. 종교·철학 등에 깊이 빠지기도 한다.

정화는 음양으로는 음화다. 인의예지신 중 예의 속성이다. 방위는 남쪽이다. 계절은 여름이다. 색깔은 적색이다. 신체로는 심장을 뜻한다.

천간과의 관계(일간 기준)

사주에 정화가 붙어서 2개이면 불길이 둘인 셈이다. 불길이 강해질 수도 있지만 하나로 모아지지 않을 수 있다. 예측하기 어려운 측면이 있다.

정화가 3개로 정화의 삼련이면 두각을 나타낼 수 있다고 푼다. 정은 예술적 기질이 있으므로 연예·방송 분야에서 두각을 나타낼 수 있다. 사주의 짜임새가 좋지 않으면 은하수에 빠지는 격으로 화류계에 몸담게 될 것이다.

정화가 4개이면 예술성을 비롯한 정화의 모든 성격을 잃게 된다. 불바다가 되는 것으로 병화가 4개 있는 것보다도 문제가 될 수 있다.

정화가 갑목을 만나면 갑목을 무성하게 하는 격이다. 머리가 좋은 편이고 이해도가 빠르다. 무성한 가지를 쳐낼 수 있는 경금이 같이 있어야 제격이다.

정화가 을목을 만나면 을목이 생목이라 정화가 불의 뜻을 펴기 쉽지 않다. 목생화가 쉽지 않은 것이다. 학문적인 성취가 어려울 것이다.

정화가 병화를 만나면 불이 해에 가린 격이다. 일의 공을 뺏길 수도 있는 형상이다.

정화가 무토를 만나면 높은 산이 불이 꺼지지 않게 막아주지만 빛은 가리는 격이다. 다른 글자의 배치에 따라 길흉이 갈릴 것이다.

정화가 기토를 만나면 정화의 불과 빛이 습한 땅에 묻히는 격이다. 자신의 능력이나 의지대로 일하기는 어려울 것이다.

정화가 경금을 만나면 불이 제련할 수 있는 광석을 만난 격이다. 자신의 능력을 충분히 발휘할 수 있겠다. 갑목이 있으면 정화로서는 경금이 벤 나무를 태울 수 있으니 좋을 것이다.

정화가 신금을 만나면 불이 주옥을 녹이는 격이니 세상물정을 모르거나 무기력할 것이다.

정화가 임수를 만나면 서로 유익한 형상이다. 유정한 관계라고 한다. 정화와 임수의 합이 이뤄지면 육체적인 관계로 이어질 수 있다.

정화가 계수를 만나면 불이 꺼지거나 물이 마르는 형상이다. 서로 피해를 보는 격이다.

무토

글자의 뜻

"무戊는 중궁中宮(오행 중의 토 또는 북극성을 의미)이다."

"육갑六甲과 오룡五龍이 서로 얽혀 있는 모양을 상형하였다."

"무는 정을 잇는다."

"사람의 옆구리를 상형하였다."

"무는 무성하다茂는 말이다."

"만물이 모두 가지와 잎이 무성한 것이다豊楙於戊."

《설문해자주석서》에 실린 무의 풀이다.

무의 자원은 도끼 같은 날이 달린 창戈의 모양을 본뜬 것으로 되어 있다. 오늘날 자전에서는 병을 다섯째 천간 무로 풀이하고 있다.

형상

높고 큰 산·바위산·넓은 벌판·제방·운동장·성벽·축대·놀·안개· 광야·황야·사토死土·큰 건물·경기장·시장·농장 등이다.

성격(일간 기준)

무토는 에베레스트 산, 태산, 백두산같이 거대하고 험준한 산과 같다. 위엄이 넘치고 믿음직한 모습이다. 무토의 기본적 성격은 사물의 변화에 일희일비하지 않고 묵묵하게 자신의 위치를 지키며 모든 것을 수용하는 것이다. 본성은 수렴지기收斂之氣다.

무토는 어지간해서는 흔들리지 않는다. 확고한 주관과 차별적인 개성을 갖고 있다. 자신의 주장을 굽히지 않으며 소신을 관철하는 능력이 있다. 하지만 자신을 과신한 나머지 다른 사람의 의견을 무시하는 경향이 있다.

무토는 높은 산이고 우뚝 선 봉우리와 같다. 아래를 살펴보듯 사물을 관찰하는 능력과 사람을 파악하는 안목이 있다. 멀리 내다보는 능력도 있다. 여러 사물을 수용하는 포용력도 있다. 하지만 산봉우리는 세상과 떨어져 홀로 서 있으니 외로운 형상이기도 하다. 무토는 자신의 이상과 현실의 괴리에 갈등을 겪을 수 있다. 스스로 세속과의 인연을 멀리할 수도 있다.

무토는 생김새가 장엄하지만 아기자기한 맛은 없는 큰 산·큰 바위와 같다. 행동이나 반응이 고지식하고 무뚝뚝하게 보일 수 있다. 과묵하고 온화하며 후덕한 성격으로 중용과 중화를 지향하는 기질이 있다. 하지만 융통성이 없고 폐쇄적이며 음흉하게 보일 수도 있다.

무토의 속성은 음양으로는 양토다. 인의예지신 중 신의 속성이다. 방위는 중앙이다. 또한 동서남북을 가리키기도 한다. 계절은 간절기다. 또한 사계절 모두를 의미하기도 한다. 색깔은 황색이다. 신체로는 위장·복부 등을 뜻한다.

천간과의 관계(일간 기준)

사주에 무토가 붙어서 2개이면 산이 산에 둘러싸인 격이다. 경쟁자가 생겼으니 자신을 드러내기 위해 힘을 쓴다. 하지만 꿈에 비해 실속은 없을 것이다.

무토가 3개로 무토의 삼련이면 산이 이곳저곳으로 뻗어나가는 격이다. 사주의 국세가 좋으면 역마성의 일에서 좋은 성과를 낼 수 있다. 국세가 나쁘면 군중 속의 고독을 맛볼 것이다.

무토가 4개이면 산이 많으므로 산맥의 형상이다. 본인을 드러낼 기회가 없다.

무토가 갑목을 만나면 큰 산에 큰 나무가 있는 모양이다. 외로운 느낌을 피할 수 없다.

무토가 을목을 만나면 큰 산에 있는 작은 풀의 형상이다. 이상과 현실이 다를 것이다.

무토가 병화를 만나면 산과 해가 있는 모양이다. 기를 것이 있어야 뜻을 이룰 수 있겠다.

무토가 정화를 만나면 산에 달이 뜬 격이다. 외롭기 그지없지만 고고한 면이 있다.

무토가 기토를 만나면 산 밑에 밭이 있는 모양새다. 산이 바람을 막아주기도 하지만, 태양을 가리기도 한다. 그러므로 사주의 구조를 살펴볼 필요가 있다.

무토가 경금을 만나면 흙 속에 광물이 있는 모양이다. 남의 일에 참견하나 득이 없겠다.

무토가 신금을 만나면 흙 속의 진주 격이다. 역시 득이 없을 것이다.

무토가 임수를 만나면 산도 물도 좋은 형상이다. 신강이면 성공 가능성이 높다.

무토가 계수를 만나면 큰 산·큰 바위의 물이니 부족한 모양새다. 크게 이루기는 어려울 것이다. 무토와 계수가 합이 된다면 육체적 욕구가 있을 것이다.

기토

글자의 뜻

"기己는 중궁中宮이다."

"만물이 오그라들어 구부러진 모양을 상형하였다."

"기는 무戊를 잇는다."

"기는 사람의 배를 상형하였다."

"기는 일어난다起는 말이다."

"기에서 다스려진다理紀於己."

《설문해자주석서》에 실린 기의 풀이다.

기의 자원은 사람이 무릎 꿇는 모양과 비슷하게 3개의 가로 평행선이 있어서, 그 양끝에 실을 감고 가운데 가로선을 꾐 점으로 한 실패의 상형이라고 되어 있다.

오늘날 자전에서는 기를 여섯째 천간 기·몸 기·다스릴 기 등으로 풀이하고 있다.

형상

논·밭·대지·평야·옥토·생토·전원·화원·정원·보리밭·목장·잔디밭·골프장·구름·연기 등이다.

성격(일간 기준)

기토는 논·밭·대지와 같다. 흙이라는 점에서 무토와 성정이 비슷한 면이 있다. 하지만 만물을 기르고 배양하는 능력이 뛰어나며 보관하고 갈무리하는 축장蓄藏에 익숙하다. 기토의 특성은 사물을 잘 자라게 하는 것이다. 물론 토의 기본 성질인 수렴지기를 갖고 있다.

기토는 태양의 빛과 볕을 받아 식물의 싹을 틔우는 습토의 역할을 한다. 어머니와 같은 따뜻함과 포용력이 있다. 하지만 신경은 예민한 편이다. 사주의 짜임새가 좋지 않으면 기토의 성격은 순진한 척, 어수룩한 척하면서 실속을 챙기는 이기주의로 바뀔 수 있다.

기토는 또한 자기주장을 앞세우거나 고집을 피우지도 않는다. 다른 사람과 경쟁이나 대립할 뜻도 별로 없다. 압박과 강요에는 차라리 피해버리고 마는 성향이다. 흙의 성질대로 중화·중용·대의·언행일치 등을 중시하는 반면, 자신의 속을 좀처럼 드러내지 않는다.

하지만 사주에 토의 기운이 매우 강한 경우라면 기토는 오히려 고집 불통 성향으로 바뀌게 된다. 토의 기운이 매우 약한 경우라면 기토는 타인과 어울리기도 좋아하지 않고, 싸움을 피하지도 않을 것이다. 기토는 무토와 달리 성향이 변하는 토라는 점을 살펴야 한다.

기토의 속성은 음양으로는 음토다. 인의예지신 중 신의 속성이다. 방위는 중앙이다. 또한 동서남북을 가리키기도 한다. 계절은 간절기다. 또한 사계절 모두를 의미하기도 한다. 색깔은 황색이다. 신체로는 비장·배·입·맹장·췌장 등을 뜻한다.

천간과의 관계(일간 기준)

사주에 기토가 붙어서 2개이면 전답이 넓어진 형국이다. 자랑하고 나대고 싶을 것이다. 할 일은 많지만 일의 진척은 지지부진일 경우가 많다.

기토가 3개로 기토의 삼련이면 땅이 광대해진 모양이다. 땅이 넓지만 더 넓히고 싶은 욕심이 생길 것이다. 품위가 없어질 것이며 음흉하고 모사꾼처럼 활동을 하게 될 것이다.

기토가 4개이면 너른 평원의 상이다. 속에 무엇이 있는지 누구도 알 수 없을 것이다.

기토가 갑목을 만나면 나무를 기를 기회를 잡은 셈이다. 하지만 태양인 병화가 없으면 결실을 얻기 어렵다.

기토가 을목을 만나면 들에 풀이 자란 격으로 행운이 잘 따르지 않을 것이다.

기토가 병화를 만나면 결실의 준비가 된 셈이다. 갑목 등을 만나면 성공할 수 있을 것이다.

기토가 정화를 만나면 온실과 같은 형상이다. 시간이 지나면서 성과가 날 것이다.

기토가 무토를 만나면 땅이 산에 가려 더 습해진 형국이다. 무토가 멀리 떨어져 있으면 관계가 원만해지는 형상으로 성공의 가능성이 높다고 본다.

기토가 경금을 만나면 땅에 바위가 드러나 있는 셈이다. 노력의 대가를 얻기 힘들 것이다.

기토가 신금을 만나면 땅이 금속 도구를 만난 격이다. 도구는 농기계가 될 수도 있고, 곡괭이가 될 수도 있다. 그러므로 사주의 짜임새를 잘 보아야 한다.

기토가 임수를 만나면 땅이 홍수를 만난 모양이다. 재운이 좋지 않을 것이다.

기토가 계수를 만나면 흙탕물이 될 수 있다. 대체로 득이 없을 것이다.

경금

글자의 뜻

"경庚은 서쪽에 위치한다."

"가을에 만물이 열매를 맺는 모양을 상형하였다."

"경은 기를 잇는다."

"사람의 배꼽을 상형하였다."

"경은 음기가 만물을 바꿔놓는 것이다."

"경에서 거두어들인다斂更於庚."

"경은 바꾼다는 뜻이다. 만물이 모두 숙연하게 모습을 바꾸고 이삭과 열매가 새롭게 영근다는 말이다."

《설문해자주석서》에 실린 경의 풀이다.

경의 자원은 절굿공이를 두 손으로 들어 올리는 모양을 형상한 것으로 되어 있다.

오늘날 자전에서는 경을 일곱째 천간 경·고칠 경·갚을 경·단단할 경 등으로 풀이하고 있다.

형상

강철·철광석·원석·제기·금고·은행·철강·기계·종·편경·농기구· 중장비·기차·비행기·달·우박 등이다.

성격(일간 기준)

경금은 철강과 같다. 강한 쇠붙이이고, 쇠붙이 중에서도 커다란 것이 다. 경금은 가공되지 않은 무쇠와 같이 거칠고 강하고 사나운 혁신의 기 운을 기본적인 성질로 하고 있다. 다듬어지지 않은 상태라 때로는 파괴 하고 죽이는 살기의 기운도 성정으로 꼽힌다. 그래서 경금은 엄숙하지 만 죽일 수도 있다는 의미의 숙살지기로 일컬어진다.

경금은 강철처럼 단단한 성질을 갖는다. 행동에 절도와 결단력이 있 다. 따라서 공과 사, 호불호를 명확히 가린다. 지도력과 통솔력도 뛰어나 다. 하지만 자신의 결정을 최종적으로 생각하므로 독단적이라는 소리를 들을 수 있다. 또한 구설수를 만날 경우가 많을 것이다.

경금은 모양이 어떠하든 성분은 변하지 않는 철강의 성질이 있다. 경금 은 배반하지 않고 충성하며 의리를 매우 중시하는 성향이 있다. 의리·의 협심·희생정신이 뭉쳐 경고·위협 등에 굴하지 않고 할 말이나 할 일을 하게 된다. 주위의 환영을 받지만 실속이 없고, 경우에 따라선 손해도 발생해 안에서는 환영받지 못할 수 있다.

경금의 속성은 음양으로는 양금이다. 인의예지신 중 의의 속성이다. 방위는 서쪽이다. 계절은 가을이다. 색깔은 백색이다. 신체로는 대장·뼈·척추 등을 뜻한다.

천간과의 관계(일간 기준)

사주에 경금이 붙어서 2개이면 철강이 맞부딪치는 형국이다. 자신을 드러내기 위해 소란스러운 일을 만드는 성향이 있을 것이다. 양금상살兩金相殺이란 말이 있듯 한번 크게 다치는 일이 있을 수 있다.

경금이 3개로 경금의 삼련이면 금의 기운이 넘치게 된다. 사주에 짜임새가 좋으면 금을 쓰는 분야인 검경 쪽에서 두각을 나타낼 수 있을 것이다. 짜임새가 좋지 않으면 많은 금 중 원석을 고르기 어렵게 되는 형상이 되어 화합하는 일을 하기 힘들 것이다. 금의 성격인 사람이 3명 모이면 결론이 나지 않는다는 말도 있다.

경금이 4개이면 사위의 산이 온통 바위로 둘러싸인 격이다. 삶이 삭막할 것으로 본다.

경금이 갑목을 만나면 강철이 나무를 깨뜨리는 격이다. 사주 짜임새에 따라 달라지지만, 일단 내실이 부실해진다고 본다.

경금이 을목을 만나면 철광석이 풀숲에 가린 형상이다. 살기가 갑자기 드러날 수 있다.

경금이 병화를 만나면 철광석이 태양을 만나 따뜻해지기는 해도 변하지는 않는 꼴이다. 조직 생활에 적응하기 어려울 것이다.

경금이 정화를 만나면 쇠가 제련되는 형상이다. 성공과 발전이 가능할 것이다.

경금이 무토나 기토를 만나면 흙 속에 광석이 묻힌 형세다. 다른 사람의 도움이 해가 될 수 있다.

경금이 신금을 만나면 쇠붙이가 철강 제품이 만난 격으로 별로 도움이 될 일이 없을 것이다.

경금이 임수를 만나면 광산에 물이 흐르거나 녹슨 쇠붙이가 물에 씻기는 형국이다. 재능을 발휘하고 성공할 수 있을 것이다.

경금이 계수를 만나면 철강이 물에 녹스는 국세다. 실패하는 일이 많을 것이다.

신금

글자의 뜻

"신辛은 가을에 만물이 자라서 성숙하게 된다는 뜻이다."

"쇠는 단단하면서 맛이 맵다."

"너무 매우면 눈물이 난다."

"신은 경을 잇는다."

"사람의 넓적다리를 상형하였다."

"신은 만물이 태어나는 것이다. 그 때문에 신이라 한 것이다."

"모두 신에서 새로워진다悉新於辛."

《설문해자주석서》에 실린 신의 풀이다.

신의 자원은 문신을 하는 바늘을 본뜬 것으로 되어 있다. '괴롭다, 죄' 의 뜻을 나타낸다.

오늘날 자전에서는 신을 여덟째 천간 신·매울 신·괴로울 신 등으로 풀이하고 있다.

형상

금·백금·은·귀금속·주옥·유리 그릇·관冠·칼·검도·장식품·술 잔·시계·파이프·면도칼·서리 등이다.

성격(일간 기준)

신금은 제련되어 여러 형태로 가공된 철강 제품과 같다. 식물로 치면 성장을 지나 열매의 결실이다. 보석이나 잘 익은 과일같이 사물이 완성 된 상태인 것이다. 겉의 모습은 아름답고 품위 있다. 하지만 내면을 살 펴보면 자신이 가장 우월하다는 자기 본위적 생각이 지극하다. 완벽을 추구하며 자아도취에 빠지는 경향이 바로 신금의 기본적인 성향이다.

신금은 칼의 성질이 있다. 칼은 생활을 이롭게 하고 장식물로 활용되 지만, 경우에 따라 날카로운 칼날이 번뜩이는 치명적 도구로 쓰이기도 한다. 신금은 깔끔하게 일을 처리한다. 하지만 자신의 목적을 이루기 위해서는 치밀하고 냉혹하게 대처한다. 자신의 이익 앞에서는 타인을 전혀 배려하지 않는다. 그래서 예술성이 있다고 평가받는다. 복수심이 강하다고도 한다.

신금은 완성된 사물과 같이 외모가 근사해 이를 드러내고 싶은 성질이 있다. 신금의 사람은 용모가 단정하고 언행이 유순하다. 외모에 신경을 쓰고 유행에도 민감한 성향을 보인다. 하지만 이는 자존심을 살리기 위한 허세인 경우도 있다. 사기 성향이 있다는 비판도 받게 된다. 돈을 버는 능력은 있지만, 남에게 피해를 주고 잔머리를 굴린다는 얘기를 듣기도 한다.

신금의 속성은 음양으로는 음금이다. 인의예지신 중 의의 속성이다. 방위는 서쪽이다. 계절은 가을이다. 색깔은 백색이다. 신체로는 폐·기관지·뼈 등을 뜻한다.

천간과의 관계(일간 기준)

사주에 신금이 붙어서 2개이면 2개의 칼날이 경쟁하는 격이다. 경쟁력이 강하고 재주는 좋지만 기 싸움이 지나쳐 기회를 놓치거나 손실을 보게 될 것이다. 복수심도 작용할 것이다.

신금이 3개로 신금의 삼련이면 칼이 삐죽삐죽 나온 형국이니 경쟁이 심각해질 것이다.

신금이 4개이면 혼돈의 상황이 될 것이다.

신금이 갑목을 만나면 칼로 큰 나무를 치는 격이다. 칼날이 손상되므로 성취가 어렵다고 푼다.

신금이 을목을 만나면 칼로 풀을 베는 격이다. 재물이 흩어질 것이다.

신금이 병화를 만나면 보석이 햇빛에 반짝이는 모습이다. 능력을 잘 발휘할 것이다.

신금이 정화를 만나면 주옥이 열에 녹게 되는 형세다. 쓸데없는 짓을 할 수 있다.

신금이 무토를 만나면 주옥이 흙에 묻힌 격이다. 토생금이라도 도움이 안 된다고 본다.

신금이 기토를 만나면 주옥이 흙에 묻힌 격이다. 타인의 도움이 힘이 되진 않을 것이다.

신금이 경금을 만나면 자신이 낫다고 여길 수 있다. 교만함 때문에 사고를 만날 수 있다.

신금이 임수를 만나면 칼이 물을 만나 깨끗해지는 모양이다. 재능을 발휘할 수 있다.

신금이 계수를 만나면 칼이 물을 만나 녹스는 모양이다. 실속이 없는 경우가 많다.

임수

글자의 뜻

"임壬은 북쪽에 위치한다."

"음이 극에 달하면 양이 생겨난다. 그러므로 역易에서는 용이 들판에서 교접한다龍戰于野고 하였다. 전은 접한다는 뜻이다."

"사람이 임신한 모양을 상형하였다."

"해에서 잉태하여 자에서 생겨나는 순서를 이어간다는 뜻이다."

"임은 신을 잇는다."

"사람의 다리를 상형하였다. 다리는 몸체를 지탱해준다."

"임은 임신하다라는 뜻이다. 때가 되면 만물이 땅속에서 회임한다懷妊於壬."

"임은 임신으로 양기가 아래에서 만물을 잉태하고 길러주는 것을 말한다."

"임에서 회임한다."

《설문해자주석서》에 실린 임의 풀이다.

임의 자원은 베 짜는 실을 감은 모양을 본떠 베 짜는 실의 뜻을 나타낸 것으로 되어 있다.

오늘날 자전에서는 임을 아홉째 천간 임·간사할 임·클 임 등으로 풀이하고 있다.

150

형상

강·바다·호수·댐·수평선·해변·안개·눈·비·비구름·은하수·종자
種子·정자·난자·분자·원자·전자 등이다.

성격(일간 기준)

임수는 깊고 넓은 바다와 같다. 바다는 항상 같은 모습으로 모든 것을
받아들인다. 바닷속에는 무엇이 감추어져 있는지 알 수 없다. 예측할 수
도 없다. 임수는 때문에 지혜로 풀이되기도 한다. 하지만 속마음을 헤아
리기 어려워 비밀이 많고 음흉하다는 소리를 들을 수 있다.

또한 임수는 흐르는 강물과도 같다. 임수는 쉬지 않고 움직이며 새로
운 것을 향해 나아가는 강물의 성격을 갖고 있다. 하지만 강물은 물이
지나치면 순식간에 범람하여 세상에 피해를 주기도 한다는 점도 염두에
두어야 할 것이다.

임수는 기본적으로 환경과 여건에 따라 모양이 변하는 물과 같다. 임
수는 시작도 끝도 바뀌는 성향이 있다. 시작은 잘하는데 마무리가 잘 안
될 수 있다. 물은 고정된 형상이 없다는 점에서 임수는 고집도 별로 없
을 것이다. 하지만 물은 수시로 모양이 변한다는 점에서 임수는 임기응
변과 적응력이 능한 성질도 있다. 총명하고 재주가 많다는 말도 듣는다.

임수는 만나면 합해지는 물과 같다. 임수는 밀착하는 힘과 응집력이
강한 성질이 있다. 다른 사람과 호흡도 잘 맞추며 타협도 잘하는 성격이
있다. 하지만 한번 틀어지면 한겨울의 물이 얼음이 되듯 차갑게 변하는

성향이 있다.

임수의 속성은 음양으로는 양수다. 인의예지신 중 지의 속성이다. 방위는 북쪽이다. 계절은 겨울이다. 색깔은 흑색이다. 신체로는 방광·생식기 등을 뜻한다.

천간과의 관계(일간 기준)

사주에 임수가 붙어서 2개이면 물에 물이 더해져 바닷물은 방파제를, 강물은 제방을 넘는 격이다. 기세는 당당하지만 제어되지 않을 것이다. 물불 가리지 않고 제 목소리를 내게 된다.

임수가 3개로 임수의 삼련이면 도처에 물난리가 난 형세다. 사주 구도가 좋으면 도처에서 인기를 얻지만, 그렇지 않으면 자신을 잘 드러내지 못할 것이다.

임수가 4개이면 물속에 모든 것이 섞이는 형국이다. 인생은 흘러가는 것이지만 삶은 피곤할 것이다. 생각이 많을 것이다.

임수가 갑목을 만나면 나무와 물이 만난 형상이다. 자신의 재능을 충분히 살릴 수 있을 것이다.

임수가 을목을 만나면 화분에 물을 주는 격이다. 자신의 능력 이상의 평가를 받을 것이다.

임수가 병화를 만나면 나무가 필요해 보인다. 운이 강하면 일확천금의 재물을 볼 수 있다.

임수가 정화를 만나면 물이 열을 만나는 격이다. 유정한 관계이지만 사사로운 일에 매달리니 큰 뜻을 펼치기 어렵다. 외정에 빠질 수 있다.

임수가 무토를 만나면 큰물이 댐에 담겨진 형세다. 무토가 약해지면 문제가 생길 것이다.

임수가 기토를 만나면 흙탕물이 되는 격이다. 재물·직장운이 좋지 않을 것이다.

임수가 경금을 만나면 광맥에서 물이 나오는 모양이다. 창조력·기획력이 좋을 것이다.

임수가 신금을 만나면 물이 주옥을 깨끗하게 하는 모양새다. 총명을 드러낼 수 있을 것이다. 청수淸水가 탁수濁水가 될 수 있다고도 푼다.

임수가 계수를 만나면 큰물에 다른 물이 합쳐지는 격이다. 강물이 넘칠 수도 있고 순조롭게 합쳐져 흐를 수도 있다. 사주의 구조에 따라 길흉이 갈릴 것이다.

계수

글자의 뜻

"계癸는 겨울에 물과 땅이 고르게 되어서 잴 수 있다는 뜻이다."

"물이 사방에서 땅속으로 흘러 들어가는 모양을 상형하였다."

"계는 임을 잇는다."

"사람의 발 모양을 상형하였다."

"규揆는 계와 운모가 같다. 계라는 말은 헤아리다揆라는 뜻이다. 만물을 헤아려볼 수 있다는 말이다."

"규에서 헤아려본다陳揆於癸."

《설문해자주석서》에 실린 계의 풀이다.

계의 자원은 2개의 나무를 열십자로 맞춰서 해돋이와 일몰을 관측하여 동서남북의 방위를 아는 기구를 상형하므로 헤아린다는 뜻을 나타낸 것으로 되어 있다.

오늘날 자전에서는 계를 열째 천간 계·경도 계 등으로 풀이하고 있다.

형상

빗물·시냇물·샘물·석간수·온천·눈물·오줌·콧물·땀·안개·장마·분수 등이다.

성격(일간 기준)

계수는 흐르는 물과 같다. 임수와 달리 물소리가 들리기도 한다. 주변 환경의 영향을 받아 모양이 바뀐다. 안개나 이슬이 되기도 하고, 얼음이 되기도 한다. 계수는 항상 변화에 민감하며 적응력이 뛰어난 특징이 있다. 지모가 뛰어나며 임기응변에도 능한 성질을 갖고 있다. 하지만 자신을 드러내지 않아 줏대가 없어 보일 수 있고, 제 꾀에 넘어가는 일도 생길 수 있다.

계수는 도도하게 흘러가는 물이 아니고 졸졸 흐르는 시냇물과 같다.

계수는 지도자 성향이 아니라 참모나 보조자 역할을 잘하는 성질을 갖고 있다. 일을 조용히 처리한다. 다른 사람에게도 자상하게 대한다. 아는 것에 비해 행동력이 부족해 다른 사람의 어려움에 실질적으로는 큰 도움이 되지 못하는 경우가 생길 것이다.

계수는 작은 물로, 바다에 이르기까지 수많은 경험을 한다. 변화와 변신을 거듭하면서도 결국 목적지에 도달하는 것이다. 목적을 향해 수단과 방법을 가리지 않는 것이 계수의 성질로 포함되는 이유다. 이중적이면서도 이기적이라는 말을 들을 수 있다.

계수의 속성은 음양으로는 음수다. 인의예지신 중 지의 속성이다. 방위는 북쪽이다. 계절은 겨울이다. 색깔은 흑색이다. 신체로는 신장·생식기 등을 뜻한다.

천간과의 관계(일간 기준)

사주에 계수가 붙어서 2개이면 비가 많은 격이다. 매사 장애가 생길 것이다.

계수가 3개로 계수의 삼련이면 물이 여기저기서 모이는 형상이다. 사람이 모이는 곳에서 일을 하면 좋을 것이다.

계수가 4개이면 물 천지이지만, 큰물은 아닌 격이다. 작은 일에 신경 쓰는 게 좋겠다.

계수가 갑목을 만나면 물이 나무를 타고 오르는 격이다. 지모의 재능을 인정받을 것이다.

계수가 을목을 만나면 물이 화초를 만난 형상이다. 병화가 없으면 실력이나 재능을 충분히 발휘하지 못한 것이다.

계수가 병화를 만나면 물과 볕이 있는 모습이다. 기를 나무가 있어야 좋다. 나무가 없는 상황에서는 손해로 푼다. 나무가 있으면 나무를 길러 재화를 거둘 수 있다고 본다.

계수가 정화를 만나면 물이 불에 끓는 격이다. 재운이 좋지 않을 것이다.

계수가 무토를 만나면 물이 바위산에서 흐르는 격이다. 맑지만 외로울 수 있다. 하지만 유정한 관계로 무계합이 이뤄지면 외정에 정신이 팔릴 수 있다.

계수가 기토를 만나면 물이 흙을 만나는 격이다. 흙은 옥토가 될 수도 있고 흙탕물이 될 수도 있다. 사주의 국세를 잘 판단해야 할 것이다.

계수가 경금을 만나면 물이 광산에서 흐르는 형세다. 맑은 물이 흐려질 가능성이 높다. 선대의 덕은 없을 것이다.

계수가 신금을 만나면 물속에 보석이 있는 모양이다. 물이 넘치면 보석이 보이지 않을 수 있고, 적당하면 보석이 아름답게 비칠 수 있다. 자수성가해야 할 것이다.

계수가 임수를 만나면 시냇물이 큰물에 가린 격이다. 열심히 해도 실패하는 일이 많겠다.

10천간 특성표

	갑	을	병	정	무	기	경	신	임	계
음양	양	음	양	음	양	음	양	음	양	음
오행	목	목	화	화	토	토	금	금	수	수
형상	대목 동량	소목 화초	태양 큰불	등촉 화로	큰산 산성	전원 논밭	강철 검극	주옥 금은	바다 강	빗물 샘물
계절	봄	봄	여름	여름	간기	간기	가을	가을	겨울	겨울
방위	동	동	남	남	중앙	중앙	서	서	북	북
색	청	청	적	적	황	황	백	백	흑	흑
맛	신맛	신맛	쓴맛	쓴맛	단맛	단맛	매운맛	매운맛	짠맛	짠맛
5상	인	인	예	예	신	신	의	의	지	지
숫자	3	8	7	2	5	10	9	4	1	6
신체	머리	목	어깨	등	옆구리	가슴	배꼽	넓적 다리	정강이	발
장기	담	간	소장	심장	위장	비장	대장	폐	방광	신

지지론

자수

글자의 뜻

"자子는 11월에 양기가 움직여 만물이 자라난다는 뜻이다."

"사람은 자를 가지고 호칭으로 삼는다."

"자는 번성한다는 뜻이다. 만물이 아래에서 자라나는 것을 말한다萬物滋於下."

"자는 양기가 움직여 만물이 자라는 것을 일컫는 말이다."

"자는 사물이 자라는 모습을 상형하였고, 또한 사람의 머리와 손발의 모습을 상형하였다."

《설문해자주석서》에 실린 자의 풀이다.

자의 자원은 두부頭部가 크고 손발이 나긋나긋한 젖먹이를 본뜬 모양으로 '아들, 자식'의 뜻을 나타낸 것으로 되어 있다.

오늘날 자전에서는 자를 첫째 지지 자·아들 자·알 자·새끼 자·씨 자 등으로 풀이하고 있다.

상징

맑고 깨끗한 물·계곡물·찬물·얼음물·고드름·얼음·이슬·씨앗 등 이다.

기본 속성

자는 낳아滋 기른다孶는 의미가 있다. 양기가 생기기 시작하여 만물이 그 싹을 낳게 됨을 상징한 것이다.

자는 음양으로 보면 지극한 음의 기운極陰之氣에서 양의 기운이 시작되는 곳이다.

자수는 오행으로 보면 얼어서 응축된 물로, 생명의 싹을 틔게 할 수는 없다. 수생목의 작용보다 수극화의 작용력이 크다. 신금을 만나면 합이 되어 수기가 더욱 강해진다. 축토나 진토를 보면 극을 받기보다 오히려 수기가 강해진다. 오화를 만나면 기운이 충돌한다.

자는 계절로 보면 겨울의 중심이 되는 때다. 만물이 휴지기에 들어가 기운이 갈무리되고 응축되는 시기다. 동지 이후 10일부터 일양一陽이 시작된다.

자의 지장간 월령용사는 임(10일)·계(20일)다. 지장간의 본기가 음수인 계로서 자수의 체용體用이 바뀌는 이유도 이에서 비롯된다.

자수의 속성은 음양으로는 양수다. 하지만 적용에서는 음수다. 시간으로는 23시 30분부터 01시 30분까지다. 달은 절기로 대설에서 시작해 동지를 지나 소한 직전까지 음력 11월에 해당한다. 방위는 북쪽이다. 색은 흑색이다. 동물은 쥐다.

작용 특성

- 성정 자체가 냉정한 편이며, 일 처리 역시 냉철하다.
- 성격이 까다로워 상대하기가 불편하다.
- 명예를 추구한다.
- 의심도 많고, 비밀도 많다.
- 여건과 환경에 따라 변화가 심하다.
- 성욕이 강하고, 여성은 잉태를 잘한다.
- 자수가 2개 붙어 병존하면 소위 도화의 병존이라 인기로 먹고사는 직업이 좋다.

축토

글자의 뜻

"축丑은 묶는다紐는 뜻이다."
"12월이면 만물이 움직인다."

"손의 모양을 상형하였다."

"태양이 축의 방향에 있을 때 역시 손을 움직이기 시작하는 때다."

"축에 이빨을 묶는다紐牙於丑."

"축은 묶는다는 뜻이다. 한기가 저절로 꺾이는 것이다."

"12월이면 양기가 위로 통하여 꿩이 울고 닭이 알을 낳는다. 이때가 되면 사람들이 손을 들고 행동한다."

《설문해자주석서》에 실린 축의 풀이다. 《사기》에서는 "축에 싹을 맺는다細芽于丑"로 풀이되어 있다.

축의 자원은 손가락에 잔뜩 힘을 주어 비트는 모양을 나타낸 것으로 되어 있다.

오늘날 자전에서는 축을 둘째 지지 축·수갑 축 등으로 풀이하고 있다.

상징

얼음판·빙판·씨앗의 창고 등이다.

기본 속성

축은 뉴아細芽의 시기다. 뉴아는 싹을 맺는다結는 의미다. 음기의 기운이 쇠하고 양기가 움직여 땅속의 씨앗이 싹을 맺고 밖으로 나올 준비를 하고 있음을 상징한다.

축은 음양으로 보면 아직 음기가 왕성해 양기가 밖으로 드러나지 않지만, 내부적으로는 양기의 움직임이 활발하다. 소위 사음이양四陰二陽

이다.

축토는 오행으로 보면 얼어 있는 토로, 수를 만나면 더욱 응축되며 화를 보면 화의 기운을 설기洩氣한다. 자수를 만나면 자축합이 되어 수토가 단단히 응결한다. 다만 축월에 기토가 사령하면 토극수의 작용도 관찰해야 한다. 미토를 보면 남쪽과 북쪽의 충을 하게 된다.

축은 계절로 보면 겨울의 막바지인 때다. 체감상 가장 추운 시기다. 씨앗이 발아하려는 힘을 키우는 시기다. 대한 이후 양기가 내부로부터 성장하여 싹이 꿈틀대기 시작한다.

축의 지장간 월령용사는 계(9일)·신(3일)·기(18일)다.

축토의 속성은 음양으로는 음토다. 시간으로는 01시 30분부터 03시 30분까지다. 달은 절기로 소한에서 시작해 대한을 지나 입춘 직전까지로 음력 12월에 해당한다. 방위는 북동쪽이다. 색은 황색이다. 동물은 소다.

작용 특성

- 보수적이며 고집불통이다. 하나만 보고 달려간다.
- 머리는 좋은 편이 아니다. 노력으로 이루는 학습 능력은 뛰어나다.
- 속을 잘 드러내지 않는다. 비밀도 많다.
- 서두르지 않고 느리게 움직이지만, 포기하지는 않는다.
- 노력이 쌓여야 성공한다. 끈질기므로 결말이 있다. 보통 50세가 되어야 열린다고 한다.

- 다른 사람의 압박·협박에 약하다.
- 축토가 2개 붙어 병존하면 축축해진 것과 같다. 일이 잘 풀리지 않는다.

인목

글자의 뜻

"인寅은 나오려고 꿈틀댄다는 뜻이다."

"정월이면 양기는 움직여 황천을 떠나 위로 나오려고 하지만 음기가 여전히 강하다."

"위에서 덮어 아래에서 꿈틀거리지 못하게 만드는 모양을 상형하였다."

"인은 만물이 처음 꿈틀거리며 생겨나는 것이다萬物始生蟻然也."

"인蚓(지렁이)은 동작이 시작되는 모습이다."

"정월의 때를 인이라 한다. 인은 나루터라는 뜻이며 사물이 건너야 할 길을 말한다."

《설문해자주석서》에 실린 인의 풀이다.

인의 자원은 화살의 상형과 화살을 두 손으로 당기는 모양을 본뜬 것이다. 오늘날의 인은 후자의 변형이며, 잡아당긴다는 뜻을 나타낸 것으로 되어 있다.

오늘날 자전에서는 인을 셋째 지지 인·동관(동료) 인·공경할 인 등으로 풀이하고 있다.

상징

소나무·전나무·대림목·동량·대들보·아침 등이다.

기본 속성

인은 지렁이를 뜻하는 인蟪蚓처럼 꿈틀대며 움직인다는 뜻이다. 양기가 처음 발생하여 만물이 움직이기 시작함을 의미한다.

인은 음양으로 보면 음과 양이 조화를 이루어 만물이 생장하기 시작하는 때다. 소위 삼음삼양三陰三陽이다.

인목은 오행으로 보면 수의 기운을 흡수하여 목생화하는 능력이 있다. 인월에 금을 보면 어린 나무가 다치게 되며, 화를 보면 목화통명木火通明을 이루어 목의 기운이 빼어나게 된다. 인월에 화가 없이 수가 강하면 목이 자라기 어렵고, 수가 없이 화가 강하면 분목焚木되기 쉽다. 신금을 만나면 봄과 가을의 기운이 다투는 격이라 충이 된다. 오화를 보면 합하여 화로 변하기 쉽다.

인은 계절로 보면 봄의 초입이다. 우수 전까지는 한기가 남아 있다.

인의 지장간 월령용사는 무(7일)·병(7일)·갑(16일)이다.

인목의 속성은 음양으로는 양목이다. 시간으로는 03시 30분부터 05시 30분까지다. 달은 절기로 입춘에서 시작해 우수를 지나 경칩 직전까지로 음력 1월에 해당한다. 방위는 동북쪽이다. 색은 청색이다. 동물은 범

164

이다.

작용 특성

- 비교적 솔직 담백하다. 성품이 순수하며 인자하다.
- 활동적이고 적극적이다. 강한 리더십이 있다.
- 이기적인 성향이며, 굴복을 싫어한다.
- 앞만 보고 달리느라 주위를 살피지 못하는 일이 많다.
- 총명하고 눈치가 빠르다.
- 역마의 성질이 있어 늘 분주하다.
- 인목이 2개 붙어 병존하면 타인의 일에 간섭·참견을 해 문제가 되기도 한다.

묘목

글자의 뜻

"묘卯는 머리에 쓴다는 뜻이다."

"2월이면 만물이 땅을 뚫고 나온다."

"문을 여는 모양을 상형하였다. 그러므로 2월이 천문天門이 된다."

"묘는 무성하다는 말로서 만물이 무성한 것을 이른다言萬物茂也."

묘는 머리에 쓴다는 말이다. 땅을 머리에 이고 나오는 것이다. 양기는 이때가 되어 비로소 땅에서 나온다."

《설문해자주석서》에 실린 묘의 풀이다.

묘의 자원은 같은 꼴의 것을 좌우대칭으로 놓은 상형으로, 같은 값의 물건과 교역하다는 뜻을 나타낸 것으로 되어 있다.

오늘날 자전에서는 묘를 넷째 지지 묘 등으로 풀이하고 있다.

상징

잔디·화초·잡초·풀·등나무·생목·활목·곡식 등이다.

기본 속성

묘는 무릅쓰다冒라는 의미다. 만물이 위에서 덮고 있는 땅을 무릅쓰고 밖으로 솟아 나오는 모습을 상징한 것이다.

묘는 음양으로 보면 양기가 밖으로 나와 왕성하게 활동하는 때다. 소위 사양이음四陽二陰이다.

묘목은 오행으로 보면 습목·화초로 금·수가 많은 것을 꺼린다. 금을 만나면 다치기 쉽고, 수를 만나면 부목浮木·부목腐木이 되기 쉽기 때문이다. 술토를 보면 합이 되지만 묘의 목극토 작용으로 합을 논하기는 어렵다. 해수를 보면 목기가 강해진다. 유금을 만나면 왕지의 충으로 다치기 쉬우나, 화가 있으면 유금을 억제하므로 묘목도 물러서지 않는다.

묘는 계절로 보면 봄의 가운데 시기다. 양기가 상승하여 점점 따듯해지는 때로 만물이 성장이 빠르게 이루어진다.

166

묘의 지장간 월령용사는 갑(10일)·을(20일)이다.

묘목의 속성은 음양으로는 음목이다. 시간으로는 05시 30분부터 07시 30분까지다. 달은 절기로 경칩에서 시작해 춘분을 지나 청명 직전까지로 음력 2월에 해당한다. 방위는 동쪽이다. 색은 청색이다. 동물은 토끼다.

작용 특성

- 머리가 좋고 학습 능력이 뛰어나다.
- 예술적 감각이 있다.
- 겉보기와 달리 실속이 없어 헛똑똑이 소리를 듣는다.
- 하고 싶은 일이 많으며 욕심도 많다.
- 온화하며 인정도 많다. 여자는 온정 때문에 남자의 덫에서 헤매기도 한다.
- 사교적이며 애교도 넘친다.
- 묘목이 2개 붙어 병존하면 재능이 넘친다. 예술 분야나 의료 분야로 진출하면 좋다.

진토

글자의 뜻

"진辰은 진동한다는 뜻이다."

"3월은 양기가 움직여 우레와 번개가 치고 백성들이 농사지을 때이며 만물이 자라난다."

"진은 만물이 꿈틀거리며 일어나는 것을 뜻한다萬物之蜄也."

"진에서 아름다움을 펼친다."

"진은 편다는 뜻이다. 만물이 피고 일어나 나오는 것이다."

"백성들이 농사지을 때다."

《설문해자주석서》에 실린 진의 풀이다.

진의 자원은 조개가 껍데기에서 발을 내밀고 있는 모양을 본뜬 것으로 되어 있다.

오늘날 자전에서는 진을 다섯째 지지 진·별이름 진 등으로 풀이하고 있다.

상징

습토·논·밭·초원 등이다.

기본 속성

진은 움직이고 펴진다는 의미다. 만물이 활짝 펴고 나오는 모습을 상

168

징한 것이다.

진은 음양으로 보면 양기가 사방으로 확산되어 요동치는 때다. 만물이 자라고 움직이는 시기다. 소위 오양일음五陽一陰이다.

진토는 오행으로 보면 습토로, 목이 뿌리내리기 좋다. 화기를 적절히 설기할 수 있다. 생금의 작용이 크지만, 진월에는 금이 힘을 쓰기 어려워 진유합의 작용은 무력하다. 자수를 만나면 합하여 수로 변하기 쉽지만 진월에 무토가 사령하면 토극수 작용도 살펴보아야 한다. 술토를 보면 봄과 가을이 싸우는 충이 되므로 토의 기운은 오히려 강해진다.

진은 계절로 보면 봄의 끝자락이다. 무토가 사령할 때는 토의 기운이 강하게 작용하므로 합하여 다른 변화를 일으키기 어려운 시기다.

진의 지장간 월령용사는 을(9일)·계(3일)·무(18일)다.

진토의 속성은 음양으로는 양토다. 시간으로는 07시 30분부터 09시 30분까지다. 달은 절기로 청명에서 시작해 곡우를 지나 입하 직전까지로 음력 3월에 해당한다. 방위는 동남쪽이다. 색은 황색이다. 동물은 용이다.

작용 특성

- 상상의 동물인 용처럼 이상이 높고 욕망이 강하다. 비현실적인 사고를 하는 경우도 있다.
- 감각이 빠르고 이해력이 좋으며 판단이 빠르다.
- 총명하며 재주도 많다.

- 대범하고 호걸풍이지만, 현실감이 부족하다.
- 밀고 나가는 뚝심이 강해 성공과 실패가 자주 갈릴 수 있다.
- 투기를 좋아하고 주색잡기에 빠지기도 한다.
- 곤명은 변덕이 심하고, 돈과 이성에 약하다.
- 진토가 2개 붙어 병존하면 생명을 다루는 의약업이 좋을 것이다.

사화

글자의 뜻

"사巳는 그친다止는 뜻이다."

"4월에 양기가 이미 나오고 음기가 이미 숨고 나면 만물이 드러나서 무늬를 이룬다."

"뱀의 모양을 가지고 상형한 것이다."

"사는 만물이 다하였다萬物之巳盡라는 말이다."

"사는 생겨나는 것이 이미 정해진 것이다."

"사는 다 펴진 것이다."

《설문해자주석서》에 실린 사의 풀이다.

사의 자원은 신으로서 제사 지내는 뱀의 상형으로 되어 있다. 태아의 상형이라는 설도 있다.

오늘날 자전에서는 사를 여섯째 지지 사·자식 사 등으로 풀이하고 있다.

상징

태양·화산·용광로·적외선·큰불·폭발물·뜨거운 열기 등이다.

기본 속성

사는 그치다라는 의미가 있다. 양기의 왕성함이 극에 달하여 만물이 왕성하게 자라는 모습을 상징한다.

사는 음양으로 보면 양기가 극에 이르러 음이 자취를 감추는 때다. 양기가 사방에 퍼져 끝에 다다르는 시기다. 소위 육양六陽이다.

사화는 오행으로 보면 태양·큰불과 같은 양화다. 사화는 신금이나 유금을 보면 합을 하지만, 사월에는 합하여 변하기보다 화극금의 작용이 크다. 해수를 보면 사해충으로 수극화가 이뤄지지만, 목기가 적당하면 수화기제가 되어 중화를 이룬다.

사는 계절의 시각에서 보면 여름의 초입이다. 열기가 땅으로 스며드는 시기다. 소만이 지나면 기운이 극양에 이르게 된다.

사의 지장간 월령용사는 무(7일)·경(7일)·병(16일)이다.

사화의 속성은 음양으로는 음화다. 하지만 사주 적용에서는 양화다. 시간으로는 09시 30분부터 11시 30분까지다. 달은 절기로 입하에서 시작해 소만을 지나 망종 직전까지로 음력 4월에 해당한다. 방위는 남동쪽이다. 색은 홍색이다. 동물은 뱀이다.

작용 특성

- 두뇌가 명석하다. 자신의 이익을 지향해 머리를 쓰므로 타인에게 해가 되는 일이 있다.
- 외양을 중시한다. 표면적으로 예의 바르고 단정하다. 위선적인 경향이 있다.
- 고집이 세고 자존심 강하다. 자기중심적으로 일을 한다.
- 겉과 달리 속은 대단히 차갑다.
- 의심이 많고 자기 본위적 사고로 타인과 화합하지 못하는 일이 많다.
- 학문을 닦으면 학문적 성취를 이룰 수 있다.
- 사화가 2개 붙어 병존하면 역마 성향이 강해진다.

오화

글자의 뜻

"오午는 거스른다는 뜻이다."

"5월이면 음기가 양을 거스르고 땅을 뚫고 나온다."

"오란 음양이 교차하는 것이다. 그래서 오라고 한다陰陽交曰午."

"오는 거스른다는 뜻이다. 음기가 아래에서부터 위로 올라와 양기와 서로 거슬린다."

"치수를 재어놓고 하나가 가로이고 하나가 세로인 것이 오다."

《설문해자주석서》에 실린 오의 풀이다.

오의 자원은 두 사람이 번갈아 손에 쥐고 찧는 절굿공이를 본뜬 것으로 되어 있다.

오늘날 자전에서는 오를 일곱째 지지 오·오시 오·낮 오·가로세로 엇갈릴 오·거슬릴 오 등으로 풀이하고 있다.

상징

활화·밝은 불·온화한 불·방을 밝히는 불·따뜻한 불·촛불·난롯불·등불 등이다.

기본 속성

오는 바뀐다交는 의미다. 양이 극에 달하여 음이 생기듯 만물의 성장이 극에 달하여 형체가 번성해짐을 상징한 것이다.

오는 음양으로 보면 극양의 기운에서 일음一陰이 시작되는 때다. 사방으로 끝없이 퍼지는 양의 기운을 새로 시작되는 음의 기운이 더 이상 확산하지 않도록 차단한다. 음양의 이치대로 가득한 양이 기울기 시작하고 음이 스며들기 시작한다.

오화는 오행으로 보면 자연적인 사화와 달리 인위적인 불이다. 문명의 불로서 교육·문화사업·언어·문자 등 사람의 정신문화와 관련이 깊다. 오화는 왕할 때 목을 만나면 자분自焚하게 된다. 금을 극해 기구를 만들지만, 지나치면 만들어진 기물을 녹인다. 타오르는 불길같이 강렬한 오화는 자수를 보면 더욱 맹렬해지기 쉽다. 진토나 축토를 만나면 빛을 잃기 쉽다. 조토인 술토와 미토를 만나면 화기가 오히려 강해지기 쉽다.

오는 계절로 보면 여름의 가운데다. 하지를 기점으로 음이 시생始生하여 극양의 기운이 사라지기 시작한다.

오의 지장간 월령용사는 병(10일) · 기(9일) · 정(11일)이다.

오화의 속성은 음양으로는 양화다. 하지만 사주 적용에서는 음화다. 시간으로는 11시 30분부터 13시 30분까지다. 달은 절기로 망종에서 시작해 하지를 지나 소서 직전까지로 음력 5월에 해당한다. 방위는 남쪽이다. 색은 홍색이다. 동물은 말이다.

작용 특성

- 매우 사교적이며 화술이 뛰어나다.
- 화려하고 열정적이지만, 빠르게 식기도 한다.
- 독립심이 강하고 다혈질이다. 화가 나면 행동을 예측하기 힘들다.
- 이기적인 성향이고 손익을 따져 활동하는 일도 있다.
- 비밀을 숨기지 못하며, 자기 자랑을 좋아한다.
- 참을성이 부족해 용두사미 · 유시무종有始無終의 경우도 많다.
- 주색에 빠지는 성향이 있다.
- 오화가 2개 붙어 병존하면 사고력이 뛰어나며 기민하다. 언론계에 진출하면 좋다.

미토

글자의 뜻

"미未는 맛味이 든다는 뜻이다."

"6월이면 맛이 든다."

"오행 중에서 목은 목에서 시들게 된다."

"나무에 가지와 잎이 중첩되어 있는 모양을 상형하였다."

"구口부에서 미味는 맛있다滋味는 뜻이다."

"미란 만물이 모두 자라서 맛이 생긴다萬物皆成有滋味也라는 뜻이다."

"미에서 어두워진다."

"미는 어둡다昧는 뜻이다. 해가 중천에 뜨면 기우는데 어두운 곳을 향해 가게 된다."

《설문해자주석서》에 실린 미의 풀이다.

미의 자원은 나무에 어린 가지가 뻗은 모양을 본떠 '어리다, 작다, 조금'의 뜻을 나타낸 것으로 되어 있다.

오늘날 자전에서는 미를 여덟째 지지 미·아닐 미·미래 미·계속될 미 등으로 풀이하고 있다.

상징

흙·골재·메마른 땅·사막의 흙 등이다.

기본 속성

미는 맛味의 의미가 있다. 만물이 성숙하여 제맛을 갖추게 됨을 상징한 것이다.

미는 음양으로 보면 만물의 성장이 멈추고 양기가 음기에 싸이기 시작하는 시기다. 땅에 흡수된 열기가 복사되어 가장 더위를 느끼는 때다. 이음二陰이 시작되는 때다.

미토는 오행으로 보면 화기가 수렴된 토로, 결실로 이루어진 맛을 나타낸다. 만물이 성장을 멈춘 상태다. 자수를 만나면 물을 막는 토극수의 작용이 강하게 나타난다. 해수를 만나고 주변에 묘목이 있으면 삼합국이 되어 목으로 변질되기 쉽다. 오화를 만나면 합하여 화와 토의 기운이 강해지며, 수의 조절이 없으면 조토로 토생금을 하기 어렵다.

미는 계절로 보면 양기를 수렴하여 금의 기운과 연결하는 고리가 되는 시기다. 대서가 지나면서 토기가 왕성해진다.

미의 지장간 월령용사는 정(9일)·을(3일)·기(18일)다.

미토의 속성은 음양으로는 음토다. 시간으로는 13시 30분부터 15시 30분까지다. 달은 절기로 소서에서 시작해 대서를 지나 입추 직전까지로 음력 6월에 해당한다. 방위는 남서쪽이다. 색은 황색이다. 동물은 양이다.

작용 특성

- 겉으로는 정성을 다하고 친절하지만, 내심으로는 한계를 정한다.

176

- 사교적이고 화술이 좋지만, 책임질 약속은 하지 않는다.
- 자존심이 강해 마음에 상처를 입으면 다시 보려 하지 않는다.
- 건조하고 괴팍한 성정이 있다.
- 미토가 2개 붙어 병존하면 생명을 다루는 분야에서 일해야 어려움
  이 줄어든다.

신금

글자의 뜻

"신申은 편다는 뜻이다."

"7월에는 음기가 몸을 이루어 스스로를 폈다, 오므렸다 하게 된다."

"관리들은 신시를 기준으로 식사하고 업무를 보았는데 그것이 신단의
정치다."

"신은 음이 일을 하는 것을 말한다. 펼쳐지면 곧 만물이므로 신이라고
한다陰用事申卽萬物."

《설문해자주석서》에 실린 신의 풀이다. 《사기》에서는 "신은 기지개를
펴듯이 물리치며ㅈ 그르친다賊는 의미가 있다陰用事申賊萬物"라고 풀이되
어 있다.

신의 자원은 번개가 치는 모양을 본떠 '퍼지다, 뻗다'는 뜻으로, 이는
신神의 뜻을 나타낸 것으로 되어 있다.

오늘날 자전에서는 신을 아홉째 지지 신·거듭할 신·아뢸 신·펼 신 등으로 풀이하고 있다.

상징

큰 바위·철광석·(가공되지 않은) 무쇠 덩어리·(부딪치면 소리 나는) 금붙이 등이다.

기본 속성

신은 기지개를 펴듯이 물리치며 그르친다는 의미가 있다. 가을의 기운이 만물을 수렴함을 상징한 것이다.

신은 음양으로 보면 미토에 수렴된 양기가 응축되기 시작해 겉이 단단해지기 시작한 것이다. 삼음三陰이 양기를 굴복시켜 음기가 만물을 지배하기 시작한다.

신금은 오행으로 보면 만물의 기운을 걷어 들이는 숙살의 기운으로, 정화와 정비의 의미가 있다. 금생수의 기운이 강하다. 자수를 만나면 합하여 수의 기운이 강해진다. 인목을 보면 극하여 크게 상하게 한다. 사화를 만나면 합도 되고 형도 된다. 신월에 사신을 만나면 합하여 금의 기운이 강해진다. 하지만 화기가 강하면 화극금의 작용을 살펴야 한다.

신은 계절로 보면 가을의 초입이다. 아침과 저녁의 기온이 떨어진다. 차가운 가을을 재촉한다. 처서가 지나면 금의 기운이 점점 강해진다.

신의 지장간 월령용사는 무(7일)·임(7일)·경(16일)이다.

신금의 속성은 음양으로는 양금이다. 시간으로는 15시 30분부터 17시 30분까지다. 달은 절기로 입추에서 시작해 처서를 지나 백로 직전까지로 음력 7월에 해당한다. 방위는 남서쪽이다. 색은 백색이다. 동물은 원숭이다.

작용 특성

- 총명하다.
- 순수하고 천진난만하다. 그로 인해 주위 사람이 힘들 수 있다.
- 맺고 끊음이 분명하며, 의리와 의협심이 있다.
- 합리적인 대안을 갖고 대응하며, 자제력이 있다.
- 평소와 달리 산만해질 때도 있으며, 힘이 생기면 교만하거나 경박한 모습을 보이기도 한다.
- 의견 충돌이나 대립이 있으면 투쟁심으로 서로 상처가 생기는 충돌이 생길 수 있다.
- 신금이 2개 붙어 병존하면 역마의 연속이어서 활동적이고, 무역업 · 여행업같이 규모가 큰 분야에 종사하는 게 좋다.

유금

글자의 뜻

"유酉는 나아간다는 뜻이다."

"8월에 기장이 익으면 술을 빚을 수 있다."

"유는 만물이 늙었음을 말한다言萬物之老也."

"유에서 익는다."

"유는 배부르다는 뜻이다."

《설문해자주석서》에 실린 유의 풀이다.

유의 자원은 술그릇을 본떠 술의 뜻을 나타낸 것으로 되어 있다.

오늘날 자전에서는 유를 열째 지지 유·익을 유 등으로 풀이하고 있다.

상징

주옥·금은보석·모래·자갈·칼·돌 등이다.

기본 속성

유는 성취就하고 늙는다老는 의미가 있다. 만물이 성숙함에 따라 기운이 차차 쇠퇴하게 되는 것을 상징한 것이다.

유는 음양으로 보면 수기가 뿌리로 하강하여 나뭇잎에 단풍이 들기 시작하는 시기다. 사음四陰의 강한 음기가 양기를 압박하는 때다.

유금은 오행으로 보면 순수한 금의 기운이 뭉쳐 형성된 금의 왕지다.

강력한 숙살지기로 목을 극한다. 지나치게 순수한 금으로 금생수의 역할은 오히려 약하다. 유월에 사화를 보면 삼합국으로 금의 기운이 강해진다. 진토를 보면 합을 이루어 금의 기운이 강해진다.

유는 계절로 보면 가을의 가운데다. 수목은 수기를 뿌리로 하강시킨다. 모든 과일이 결실을 맺고 땅으로 떨어진다. 중순이 지나면 금의 기운이 완벽해진다.

유의 지장간 월령용사는 경(10일)·신(20일)이다.

유금의 속성은 음양으로는 음금이다. 시간으로는 17시 30분부터 19시 30분까지다. 달은 절기로 백로에서 시작해 추분을 지나 한로 직전까지로 음력 8월에 해당한다. 방위는 서쪽이다. 색은 백색이다. 동물은 닭이다.

작용 특성

- 두뇌가 명석하다.
- 이기적이다. 자기중심적인 사고와 직설적인 표현을 한다.
- 자신의 의견을 잘 드러내지 않는다. 하지만 의견을 제시하면 끝까지 주장을 굽히지 않는다.
- 환경 변화에 민감하다. 잔병이 많다.
- 변덕이 심하고 성격이 까칠하다. 다른 사람과 잘 어울리지 못한다.
- 지나치게 냉철하다. 살기를 지니고 있다.
- 유금이 2개 붙어 병존하면 인기를 기반으로 하는 분야에 종사하는 것이 좋다. 사람의 생명을 다루는 직업에 종사하는 것도 좋다.

술토

글자의 뜻

"술戌은 없어진다는 뜻이다."

"9월이면 양기가 약해져서 만물이 다 자라고 양은 내려가 땅으로 들어간다."

"오행에서 토는 무戊에서 나고 술戌에서 성해진다."

"무戊와 일一로 구성되었다."

"술은 만물이 다 없어진다萬物盡滅라는 뜻이다."

"술에서 다 들어간다."

"술은 아깝게 여긴다恤라는 뜻이다. 사물은 마땅히 거두어들여서 아껴야 한다."

《설문해자주석서》에 실린 술의 풀이다.

술의 자원은 무戊는 창의 상형이며, 술은 한 일一 자로 창으로 찌른다는 뜻을 나타내는 것으로 되어 있다.

오늘날 자전에서는 술을 열한째 지지 술 등으로 풀이하고 있다.

상징

사토·조토 등이다.

기본 속성

술은 불이 꺼지듯이 멸망한다는 의미가 있다. 양기가 미약해지면서 서서히 그 기운이 땅속으로 들어가듯 만물의 성장이 다하였음을 의미한다.

술은 음양으로 보면 음기가 천지에 가득하여 만물이 본래의 모습으로 돌아가려는 시기다. 오음五陰의 기세로 양기를 몰아내는 때다.

술은 오행으로 보면 지장간에 정화의 기운을 가진 조토다. 오화를 만나면 화로 변하기 쉽다. 수를 만나면 토극수의 작용이 크다. 목을 만나면 극을 받아 무너지기 쉽다.

술은 계절로 보면 가을의 끝자락이다. 차가운 바람이 불고 서리꽃이 핀다. 상강이 지나면서 토의 기운이 왕성해지며 금의 기운을 수로 변하게 하는 작용을 한다. 겨울철로 접어드는 기운이 느껴진다.

술의 지장간 월령용사는 신(9일)·정(3일)·무(18일)다.

술토의 속성은 음양으로는 양토다. 시간으로는 19시 30분부터 21시 30분까지다. 달은 절기로 한로에서 시작해 상강을 지나 입동 직전까지로 음력 9월에 해당한다. 방위는 서북쪽이다. 색은 백색이다. 동물은 개다.

작용 특성

- 정직·예의·겸손·착실·중용의 가치를 지킨다.
- 외유내강으로 희생정신이 있다.
- 고집·자존심·자기주장이 매우 강하다.
- 포용력이 있어 배신하지 않는다. 하지만 복수심은 매우 강하다.

- 겁이 많다. 망설이다가 기회를 놓치고 탄식하는 일이 있다.
- 술토가 2개 붙어 병존하면 활동성이 증가하고 직선적인 성격이 된
  다. 해외 역마로 풀이되어 무역·해외 업무 분야에 종사하면 좋다.

해수

글자의 뜻

"해亥는 뿌리荄라는 뜻이다."

"10월에 미미한 양이 성한 음과 접한다."

"아이를 밴 모양을 상형한 것이다."

"해의 두 획은 머리 모양이고, 여섯 획은 몸의 모양이다."

"해가 되어 자식을 낳으니 다시 일一에서 일어난다."

"해에서 닫는다."

"해는 핵核이다. 만물을 거두어 보관하여 좋고 나쁨, 진짜와 가짜를 가
려 핵심만을 취한다는 말이다."

"뿌리라고 한 것은 양기가 아래로 뿌리내린다는 말이다陽氣藏于下也."

《설문해자주석서》에 실린 해의 풀이다.

해의 자원은 멧돼지를 본뜬 모양으로 되어 있다.

오늘날 자전에서는 해를 열두째 지지 해 등으로 풀이하고 있다.

상징

바다·강·호수·큰 물·댐에 담긴 물·저수지 등이다.

기본 속성

해는 닫고 막는다該는 의미가 있다. 양기가 잠복하여 감추어지듯 만물이 또한 감추어지게 됨을 상징한 것이다.

해는 음양으로 보면 음기가 가장 강한 시기다. 과일이 떨어져 땅속으로 들어가 다시 씨앗으로 연결되는 때다. 육음六陰, 곧 극음의 시기다.

해수는 오행으로 보면 매우 차갑고 맑은 물이며 큰물이다. 음수이지만 실제로는 활동성이 있는 양수로 작용한다. 따라서 수생목의 작용력이 강하다. 인목·묘목을 만나면 합하여 목 기운이 강해지기 쉽다. 사화를 만나면 충하여 불을 꺼트리게 된다. 금을 보면 설기하여 쇠약하게 한다. 해수는 기본적으로 물이라, 토를 보면 막히고 목을 보면 흐르게 된다.

해는 계절로 보면 겨울의 초입이다. 천지에 차가운 음기가 들어찬 시기다.

해의 지장간 월령용사는 무(7일)·갑(7일)·임(16일)이다.

해수의 속성은 음양으로는 음수다. 하지만 사주 적용에서는 양수다. 시간으로는 21시 30분부터 23시 30분까지다. 달은 절기로 입동에서 시작해 소설을 지나 대설 직전까지로 음력 10월에 해당한다. 방위는 북서쪽이다. 색은 흑색이다. 동물은 돼지다.

작용 특성

- 하나를 들으면 열을 아는 비상한 두뇌를 갖고 있고, 지혜가 있다.
- 천재 중 가장 많고, 정신박약아 중 가장 많다.
- 속이 깊어 생각·행동·변화를 알기 힘들다.
- 변덕이 심한 경우가 많다.
- 사람 사귀기에 익숙하지 못하다.
- 해수가 2개 붙어 병존하면 사람의 생명을 다루는 분야나 해운업같
  이 활동 범위가 큰 분야에 종사하는 것이 좋다.

12지지 특성표

	자	축	인	묘	진	사	오	미	신	유	술	해
음양	양	음	양	음	양	음	양	음	양	음	양	음
오행	수	토	목	목	토	화	화	토	금	금	토	수
천간	계	기	갑	을	무	병	정	기	경	신	무	임
형상	찬물 얼음	빙판 창고	대림 목	화초	논 밭	큰불 태양	따뜻 한불	메마 른땅	무쇠 바위	주옥 금은	사토 조토	바다 강
동물	쥐	소	범	토끼	용	뱀	말	양	원숭 이	닭	개	돼지
계절	겨울	겨울	봄	봄	봄	여름	여름	여름	가을	가을	가을	겨울
월	11	12	1	2	3	4	5	6	7	8	9	10
시간	23:30 01:30	01:30 03:30	03:30 05:30	05:30 07:30	07:30 09:30	09:30 11:30	11:30 13:30	13:30 15:30	15:30 17:30	17:30 19:30	19:30 21:30	21:30 23:30
방위	북	북동	동북	동	동남	남동	남	남서	서남	서	서북	북서
색	흑	황	청	청	황	적	적	황	백	백	황	흑
신체	방광 귀	가슴	터럭	신경	피부 어깨	얼굴 목	혀	팔 치아	뼈 근육	입 성대	허리 옆	생식 기
장기	신장	비장	담	간	위장	소장	심장	비장	대장	폐	위장	신장

10성론(육친론)

10성론은 사주를 통한 추명에서 가장 주의를 기울여야 할 부분이다. 10성은 사주의 주인공인 아신我身을 일간으로 보는 자평명리학에서 일간과 사주의 다른 글자와의 관계를 표시한 것이다. 하나의 명국에서 일간이 만날 수 있는 글자는 7자다. 하지만 모든 사람의 사주가 같은 게 아니므로 사주에서 일간이 만날 수 있는 음양·오행이 다른 글자는 10자이다. 음양·오행의 차이에 따라 명칭이 다르게 부여된 것이 10성이다.

10성은 사주의 일간과 다른 글자의 음양·오행의 차이를 가려 조상·부모·배우자 등 가족과의 관계를 비롯해 출세·재물·학업·혼인 등의 문제를 살펴보는 단초다. 특히 혈연관계에서는 10성의 명칭으로 배우자·조상·부모·형제·자식 등을 구분함으로써 육친六親으로도 불린다. 10성의 명칭으로 지위와 명예·재물·학업 등 다른 문제도 구분한다. 10성은 십신十神·육신六神으로 불리기도 한다. 10성론·육친론·10신론 등은 모두 같은 내용이다.

10성의 숫자·위치 등 일간과 10성의 관계는 추명의 중요한 열쇠가 된다는 점에서 사주의 꽃이라 불리기도 한다. 10성의 특성을 살펴본다.

남녀별 육친의 대표 인사

	남	여
비견	남녀 형제·친구·동창	남녀 형제·친구·동창
겁재	남녀 형제·이복형제·며느리·동서	남녀 형제·이복형제·시아버지·동서
식신	손자·장모·사위·후배	딸·후배
상관	할머니·손녀·후배	아들·할머니·후배
편재	아버지·첩·애인	아버지·시어머니
정재	처·백부·고모	백부·고모·시어머니 형제
편관	아들·외할머니·매부	애인·정부·시형제자매
정관	딸	남편·며느리
편인	계모·이모·할아버지	계모·이모·할아버지·손자·사위
정인	어머니·장인	어머니·손녀

비견과 겁재

비겁

비견比肩과 겁재劫財는 일간과 같은 오행이다(이하 비겁이라 한다). 비견은 지지에 있으면 녹祿, 겁재는 지지에 있으면 인끼으로 불리기도 한다. 비겁은 경쟁·동력·의식·협조·조직 등의 성질이 있다.

비겁은 '나와 같다, 나와 견줄 만하다'는 뜻이다. 사회적으로 보면 대체로 어떤 사람이 지위나 연배가 나와 비슷하거나, 조건이 나와 대등하거나, 목표가 나와 근접하거나, 취미와 뜻이 나와 합치되는 것이다. 다른 면에서도 이와 유사한 성질과 입장의 사람이면 모두 비겁의 범위에 속한다. 비겁 형태에 속한 사람은 형제·자매·친구·동문·동료·동행·동업·동도·동향·동지·동족·동포 등이다.

비견은 일간과 같은 오행으로 음양이 같은 동성의 기운이 뚜렷하다. 비견은 늘 비슷한 풍격이 나와 함께하는 것이다. 또는 비교적 장기간 나와 교류하는 사람이다.

겁재는 일간과 같은 오행으로, 음양이 다른 이성의 기운이 뚜렷하다. 겁재는 늘 같지 않은 풍격이 나와 함께하는 것이다. 또는 중요한 시점에서 나와 대립하고 옥신각신하는 사람이다.

한편 비겁은 나와 같다는 점에서 경쟁하게 된다. 각축의 성질이 농후하다. 패배를 승복하지 않는다. 승부심이 강하다. 도전 의지가 강하다. '내가 필요하다고 생각하는 것은 반드시 얻는다'는 자세다. 하지만 고려가 많다. 다른 사람의 생각을 의식한다. 미적미적하는 사이에 기회가 날아가버리는 일이 많다.

비견

비견은 일간과 음양이 같다. '내가 둘'이 될 것을 기다린다. 자아의 역량이 두 배가 된다. 자아의식이 팽창된다. 자아 구속력이 강하다. 의지력이 강하다. 자수성가하는 일이 많다.

기세가 등등하다. 고자세다. 까다롭고 고집이 세다. 다른 사람과 소통하는 것을 싫어한다. 차근차근 경영하는 것을 좋아한다. 화나면 직접 나서서 추구한다. 나중에 잘산다.

어려서부터 다른 사람과 비교하는 것을 좋아한다. 키를 비교한다. 생김새를 비교한다. 친구를 비교한다. 여자 친구를 비교한다. 불평등한 출발점의 모두를 비교한다.

단체 내에서 적수를 찾는 것을 좋아한다. 상대를 무너뜨리기 위해 실력을 행사한다.

승패에 매우 민감하다. 강한 경쟁력을 보유한다. 늘 선두에 나설 방법을 찾아낸다.

'이겨서 계속 보유한다. 저도 차후에 너를 능가할 것이다'라는 생각을 갖고 있다. 하지만 지고 말면 타인의 권고를 더 이상 듣지 않는다.

타인과 쉽게 뭉친다. 친구가 많다. 하지만 마음을 주고받는 자는 몇 안 된다. 마음으로 통하고 싶어하지만 안전거리를 잃을까 경계한다. 일종의 내적 모순이다.

다른 사람의 감정 반응을 고려하지 않는다. 스스로 필요한 것이 무엇인지, 목표가 어디 있는지 분명하게 안다. 전력을 다해 어려움을 극복해 낸다. 공평하게 경쟁한다.

비견의 사람은 앞으로 전진한다. 노상에 적수가 매우 많다. 강적에 둘러싸이면 투지가 발동한다. 공손하게 양보할 때도 있다.

쉬운 환경에서는 최강자가 될 수 있다. 하지만 우물 안 개구리가 될 수 있다.

타인의 인정을 바란다.

비견은 '또 하나의 나'다. 따라서 지출도 폭증한다. 대개 단숨에 이기기 위해 돈을 쓴다. 겉으론 이기지만 속으론 진다. 앞과 뒤가 다른 형이다.

겁재

겁재는 일간과 음양이 다르다. 서로 돕고 부합한다. 인간관계에서 비견을 능가한다. 원만하게 융합할 수 있다. 근성이 있다. 사람 돕기를 좋아한다. 교류가 넓고 인연이 좋다.

타인의 생각·입장을 고려한다. 모두 화합하여 재산을 모으기를 희망한다.

단체에서 협동을 잘한다. 호소력이 있다. 사교 능력이 강하다.

집에선 부모에게 의지하고, 밖에선 친구에게 의지하는 사람의 전형이다. 체면을 차린다. 친구가 많다. 열심히 한다. 오만하지 않다. 비견이 많은 사람은 다른 사람을 불편하게 하지 않는다. 그래서 인기가 많다. 하지만 겁재의 사람은 이중적인 성격이 있다. 어떤 때는 수단을 가리지 않는다. 보이지 않게 군세다. 비견의 사람과는 달리 스스로 일을 한다.

정재·편재·겁재 등 10성의 재는 모두 금전의 유혹을 받기 쉽다. 현재를 중시한다.

겁재의 사람은 이익과 관련된 것과 거리가 있다. 이익을 찾도록 도와주어야 한다. 가장 좋은 것은 이익을 교환하도록 하는 것이다. 이재 관

192

념이 없다.

겁재의 사람은 다른 사람에게 재산을 뺏기기도 하고, 다른 사람의 재산을 뺏기도 한다.

'재'를 빼앗는다는 말은 감정·금전·건강·시간 등 네 가지를 포괄적으로 빼앗는 것이다. 그래서 겁재의 사람이 갖는 감정은 괴롭고 우울한 것이 많다. 감정과 금전으로 하루를 보내는 날이 많다. 나아가 네 가지 모두 빼앗기기도 한다. 반드시 머리를 써야 손해를 보지 않는다.

비견과 겁재가 같이 있으면 속마음을 드러내기 싫어한다. 자신에 대한 믿음이 없어 늘 결정을 번복한다. 돈 빌리는 것을 잘 못한다. 결합을 잘 못한다.

겉으로는 낙관적이다. 속으로는 생각을 떨치지 못한다. 자살 생각이 있다. 즉시 실행하는 경향이 있다. 평생 우울하게 산다. 인정에 대한 부담이 심하다.

청력이 약하다. 심신이 온전치 않다. 정신 분열이 오기 쉽다. 늘 나쁜 것을 생각한다.

친구와 분쟁하거나 재산 싸움을 하기 쉽다.

식신과 상관

식상

　식신食神과 상관傷官은 일간이 생하는 오행이다(이하 식상이라 한다). 식상은 표현·발휘·유창·지혜·창조·유통의 성질을 갖고 있다. 사회적으로 보면 대개 어떤 사람이 내게 양육·배양, 보살핌과 인도, 위로와 배려를 받는 것이다. 내가 베풀고 그가 받는 행위다. 다른 면에서도 이와 유사한 성질과 입장의 사람은 모두 식상의 범위에 속한다. 식상 형태에 속한 사람은 자녀·조카·후배·후진·학생·도제 등이다. 나아가 홀아비·과부를 대표하기도 한다.

　식상의 특징은 설洩과 급急이다. 유통하지 않을 수 없고, 일하지 않을 수 없다. 식상은 효율을 요구한다. 사정이 있으면 바로 한다. 불꽃같이 금세 타오른다. 서둘러 가서 환생하는 것과 같다. 일을 하면서 많은 생각을 할 수 있다. 일을 주도적으로 한다. 한시도 쉬지 않는다. 표현이 급하다. 따라서 식상이 없으면 재성이 많아도 재를 쓸 수 없고, 예술성이 있어도 예술성을 발휘할 수 없다.

　식신은 일간과 같은 음양의 설이다. 설의 힘이 약하고 지속적이며 완만하다. 따라서 식신은 언행이 함축적이고, 태도가 순종적이다. 학습 속도는 느리더라도 인내력과 항심恒心이 있다.

　반면 상관은 일간과 다른 음양의 설이다. 설의 힘이 강하고 순간적이며 빠르므로, 상관은 언행이 격동적이고 진취적이다. 학습 속도는 매우 빠르지만, 인내심과 항심恒心이 없다.

식신

식신은 식욕·표현욕·성욕 등 욕망이 매우 많다. 태생적으로 낙관적이다. 학습욕은 대단히 열정적이다. 음악·미술·무용·사진 촬영·조리 등의 영역에서 걸출한 작품과 성취를 이룰 수 있다. 먹는 것을 좋아하고 먹을 복이 있다. 음식을 가리지 않아 살찌는 문제가 있다.

업무 수준은 낮다. 공을 추구하지도 과시하지도 못한다. 다른 사람의 찬사도 신경 쓰지 않는다. 묵묵히 인정받기를 원한다. 거짓이나 교만의 마음이 없다. 일은 완전무결을 추구한다. 자신의 작품에 하자가 있는 것을 용납하지 않는다.

몇 차례의 실패 때문에 위축되지 않는다. 매우 낙관적으로 생각한다. 다음번에 잘하면 된다고 믿는다. 그러나 하늘이 무너져도 상관하지 않는 낙관론 탓에 외계의 변화에 대해 '별일 아니다'라는 태도를 갖는 일이 많다. 새로운 것을 추구하려고 하지 않는다.

혼자서 일하기를 좋아한다. 고독을 즐긴다. 혼자서 하루 종일 책을 보거나 연구를 하는 등과 같은 일을 좋아한다. 정시 출퇴근하는 직장인은 될 수 없다. 학문을 좋아하는 기질이 있다. 그 부분은 남성이 여성보다 더 분명히 드러난다.

상관

식신의 사람과는 같지 않다. 상관의 사람은 다른 사람의 의견을 고려하지 않는다. 비판을 좋아한다. 습관적으로 개인적인 각도에서 사물을 본다. 예리하게 말한다. 사양하지 않는다. 직설적이다. 잔말이나 수다를 싫어한다.

아름다운 것에서 티끌을 잘 찾는다. 어두운 면과 타인의 결점을 잘 찾는다. 평론가의 대부분은 명국에 상관이 있다.

승부욕이 왕성하고 강하다. 공격성이 강하다. 사람을 꾸짖고 핍박한다. 표현 욕망이 강하다. 표정이 풍부하다. 다재다예하다. 차별한다. 새로운 것을 좋아한다. 옛것을 싫어한다. 인정받기를 원한다. 공을 추구하는 데 힘을 쓴다.

식신이 막후 인물이라면, 상관은 막전 인물이다. 언제나 무대에 오를 준비가 되어 있다. 관심 받기를 희망한다. 앞장서기를 좋아한다. 타인이 자신의 존재를 모를까 봐 걱정한다. 어떤 일을 매우 빠르게 달성하여 관심의 초점이 되는 수가 많다. 또는 그냥 묻혀 지나가기도 한다.

학습 속도가 빠르다. 하나를 들으면 열을 안다. 어떤 일이든 시도해보려 한다. 식신의 사람은 흥미 있는 일만 시도해본다. 상관의 사람은 눈에 들어오는 것은 무엇이든 학습하려고 한다. 창의력이 풍부하다. 이해력이 좋다. 행동이 빠르다. 하지만 지구력은 매우 떨어진다.

기회를 잡으면 놓치지 않는다. 무엇이든 시도해본다. 생각한 일에 대해선 매우 집착한다. 한 영역에서 연구할수록 깊게 빠진다. 그리고 그 영역에서 권위자가 된다.

분명하게 드러내는 성질이라 매력이 강렬하다. 현대 사회의 수요에 부합한다.

상관의 사람은 자신의 능력을 잘 보지 못하기 쉽다. 부정적인 생각이 많다. 행동이 인정받지 못할 경우 비관적으로 바뀔 수 있다. 인간관계를 매우 긴장된 국면으로 만들 수 있다.

상관이란 정관을 다치게 한다는 의미다. 정관은 기본적으로 마을 주민을 다스리는 관원이다. 상관은 관의 통치에 불복하며, 정관의 속박에서 벗어나기를 갈망한다. 상관은 정관을 보면 반드시 극하거나 상하게 하고 싶어한다. 상관격은 대개 오만하고 분수에 넘치는 행위를 좋아한다. 본능적으로 자신은 자신이 다스린다는 생각을 갖는다. 상관격으로 재능이 넘치는 자는 싸워 이기는 능력을 갖고 있다. 그렇지 아니한 자는 법을 멸시하거나 규범의 위반을 예사로 여긴다. 결국 법의 심판과 엄한 형벌을 받게 된다. 상관격에는 재능이 뛰어난 사람 또는 참혹한 화를 만나는 사람이 많은 특징이 있다.

정재와 편재

재성

정재正財와 편재偏財는 일간이 극하는 오행이다(이하 재성이라 한다). 따라서 재성은 통제·점유·관할·소유·미련·집착 등의 성질을 갖고 있다. 재성은 '내가 극하고, 내가 관리하는 것'이다. 사회적으로 보면 어떤 사람이 내게 지배와 조종, 관리와 가르침, 규범과 약속을 받는 것이다. 내가 보내는 재물을 받는 것이다. 다른 면에서도 이와 유사한 성질과 입장의 사람은 모두 재성의 범위에 속한다. 재성 형태에 속한 사람은 건명의 처·첩·애인·근로자·비서·하인·임시고용자·창기·노예 등이다.

정재는 일간과 다른 음양의 도盜다. 훔치는 힘은 온화하고 정이 있다. 따라서 정재는 자기 마음을 쏟지 않는다. 온건하게 일하고 규범을 지킨다. 평시에는 소통하기 쉽다.

편재는 일간과 같은 음양의 도盜다. 훔치는 힘은 격렬하고 정이 없다. 따라서 편재는 자기 마음을 쏟는다. 용감하고 기백 넘치게 달려간다. 평시에는 소통하기 쉽지 않다.

재성은 나의 장악과 관리를 받는 사물이다. 따라서 재성의 사람은 걱정과 번뇌가 비교적 적다. 마음을 열고 사는 일이 많다. 갑자기 어떤 일을 만나더라도 가라앉은 기분이 오래가지는 않는다. 낙관론자다. 일로 인해 금전적 지원을 얻는다면 일을 많이 한다. 나이에 관계없이 한다. 해결된 일에 대해선 번뇌하지 않는다.

정재

정재는 건명의 금전관과 처다. 여자가 금전을 대표한다는 옛날의 관점이 투영된 것이다. 정재는 노력한 돈·부동산·안정적인 수입이다. 또한 가정적이다. 변화를 좋아하지 않는다. 보수적이고 고지식하다. 돌파해 어떤 방법을 강구하기는 어렵다. 옛것을 배워도 소화하지 못한다. 남에게 양보하고 다투지 않는다.

정재의 사람은 노력하고 열심히 일한다. 절약하고 검소하며 계산을 한다.

정재의 사람은 돈이 부족하지 않다. 돈이 없어도 걱정하지 않는다. 그래서 하는 일 없이 세월을 보내는 의뢰심 많은 사람이 되기 쉽다. 정재의 사람 대다수는 어려서부터 좋은 집과 물질 환경에서 자라 돈 쓰기를 좋아하는 습관이 있다. 하지만 재산을 잃고 '앞에서는 대범하지만 뒤에서는 속이 쓰린' 경우가 많다. 명국에 재가 없으면 헛물을 켜게 되는 경우가 많다.

편재

편재는 건명의 처 이외에 누구든 처의 지위를 대신할 수 있는 여성이다. 첩·정부 등이다.

재성의 이성 인연은 매우 좋다. 편재가 정재보다 더 좋다. 처보다 첩을 더 좋아하는 일이 있다. 감정이 일정치 않다. 태도가 경도된다. 주색에 빠진다. 바람기가 있다. 사치하고 낭비한다. 의리를 중시하고 재물을 경시한다. 호방하다. 공적 관계의 능력이 강하다.

편재의 사람은 부친과는 감정이 좋지 않다고 말할 수 있다. 하지만 실제로는 부친에 대해 관심이 별로 없다.

편재의 사람은 투기와 횡재를 좋아한다. 두뇌와 배짱으로 장사를 한다. 작은 이익에 만족할 수 없다. 실적 제도에 적합하다.

편재의 사람은 일생 돈을 추구한다. 도박 같은 금전 유희를 탈피할 수 없다. 물욕을 통제할 수 없다. 가릴 것 없이 물건 구매를 즐긴다.

사교성이 좋다. 돈을 쓰는 데 대범하다. 그래서 사람과의 인연이 많다. 광대한 인맥을 생각하면 편재의 사람이 첫 번째로 꼽힌다.

편재의 건명은 감정에 약하다. 거절을 모르기 때문이다. 다원화된 인맥을 추구한다. 사람과의 관계 단절을 싫어한다. 가릴 것을 잘 가리지 못해 여자관계가 복잡해질 수 있다.

정관과 편관

관살 · 관성

정관正官과 편관偏官, 七殺은 일간을 극하는 오행이다(이하 관살官殺 · 관성官星이라 한다). 따라서 관살은 관리 · 영도 · 약속 · 발탁 · 처벌 · 결단 등의 성질이 있다. 편관을 칠살이라 하는 이유는 일간으로부터 일곱 번째 천간으로서 음양이 같아 죽일 기세로 일간을 극하는 오행이기 때문이다.

관살은 나를 극하는 것이다. 사회적인 측면에서 어떤 사람이 나를 파견하거나, 격려하거나, 충고하거나, 자극하거나, 지배하거나, 약속하거나, 압박하거나, 가르치는 것이다. 다른 면에서도 이와 유사한 성질과 입장의 사람은 모두 관살의 범위에 속한다. 관살 형태에 속한 사람은 곤명의 남편·연인·법 집행원·경찰·상사·주인·고용주 등이다. 나아가 부잣집 신사·지방 토호·군인·교원 등도 포함된다.

정관은 일간과 다른 음양으로 일간인 나를 극하는 것이다. 그 극력은 온화하고 정이 있으며 조금 변한다. 정관은 나를 너그럽게 대하고, 나에게 조리 있게 설명하며, 나를 크게 제한하거나 압박하지 않는다.

칠살은 일간과 같은 음양으로 나를 극하는 것이다. 그 극력은 격렬하고 정이 없으며 많이 변한다. 편관은 나를 관용하지 않으며, 막말도 해대고, 나를 심하게 제한하고 압박한다.

관성은 나를 극하는 것이다. 억제성이 있다. 구속력이 있다. 사람이 낙관하지 않도록 이끈다. 그럼에도 불구하고 웃으며 말한다. 진지하고 성실하다. 책임감이 강하다. 자아 통제와 자아 구속이 매우 강하다.

일단 나서기만 하면 패기가 있다. 타인도 잘 관리한다.

돌발적이거나 의외의 일을 만나기 쉽다. 피를 보는 재액도 만날 수 있다.

정재의 사람은 "엄마는 나를 관리하지 않는다. 내가 가고 싶으면 어디든 간다"고 말한다.

정인의 사람은 "엄마는 나를 잘 돌보아준다. 매번 내가 빨리 가도록 재촉한다"고 말한다.

정관의 사람은 "엄마는 내가 가는 것을 불허한다. 나는 아무 데도 갈 수 없다"고 말한다.

정관

　정관의 사람은 체면을 매우 중시한다. 하늘이 크고 땅이 커도 얼굴이 최대라고 생각한다. 이득보다 이름을 더 중시한다. 사람의 요구와 기대를 받는 환경에서 성장한다. 늘 명성과 뻐길 수 있는 위치를 얻는다고 생각한다. 그러한 환경 아래서 자라 훨씬 쉽게 인정받는다.

　사람 구하는 일을 좋아하지 않는다. 좋은 것은 보고하고, 나쁜 것은 보고하지 않는다. 임기응변에 능하다. 영도·통제를 잘한다. 마음을 주는지 여부가 늘 다른 사람의 관심을 받는다. 중용과 중립적인 태도를 유지하길 좋아한다. 대체로 말은 모호하다. 대단한 능력을 보이고 싶어하면서도 실제 그 일을 좋아하지 않기 때문에 표현을 흐린다.

　정관의 사람은 죄를 짓는 일을 싫어한다. 정의감이 강하다. 책임감이 강하다. 본분을 지킨다. 다른 사람과 함께 움직이기 쉽다.

　직접 얘기한다. 생각한 것을 즉시 내놓지 않는다. 하지만 압박이 일정 한도에 달하면 반발력이 매우 크다. 급하면 기다리지 않는다. 네가 나를 다치게 하지 않고, 내가 너를 다치게 한다는 식이다. 아니면 서로 다치는 쪽으로 간다. 나아가 좋은 것, 나쁜 것을 모두 훼손하고 만다.

편관

　편관은 재난·압력·혈광血光·소인·소송·구설수·배짱 등의 성질이 있다.

　편관의 사람은 인성의 사람과 상반된다. 편관의 사람은 대체로 축복의 입장에 있지 않다. 성장 과정은 대개 곡절과 음영으로 얼룩진다. 대체로 부모가 마음을 졸인다. 좋지 않은 친구와 어울린다.

하지만 편관의 사람은 그 고비를 넘어가면 10배 빠르게 달려갈 수 있는 일면도 있다. 혈기방장하다. 정도 있고 의리도 있다. 박력과 주동성이 넘친다. 행동력과 창의력도 있다. 일단 결정하면 내버려두지 않는다. 집념을 갖고 스스로 어떤 대가를 치르더라도 살길을 찾는다. 명을 사나이 한 목숨으로 생각한다. 초야의 영웅이 될 수 있다. 매우 큰 사업을 할 수 있다.

옛날로 치면 대장군 또는 희대의 효웅梟雄(사납고 용맹한 인물) 격이다. 오늘날에는 경찰에 해당한다고 할 것이다.

모험과 어려운 일을 좋아한다. 하지만 필부의 용맹이 될 수도 있다.

원수처럼 질시하고 미워한다. 맺힌 일은 10년이 지나도 늦지 않다고 여기고 복수한다.

외교적 수완과 공적 관계의 능력이 뛰어나다. 사람과의 관계가 원활하다.

편관의 사람은 표현하는 게 매우 급하다. 아울러 주위 사람이 동의하기를 원한다. 하지만 잡아야 할 시기를 모르고, 기다릴 줄 모른다. 급하게 할 수 없는 일들이 있지만, 일단 그 점이 통하지 않는다고 생각하면 바로 위협하기 시작한다. 그래서 귀인이 적다. 친구 역시 많지 않다.

정인과 편인

인성

정인正印과 편인偏印,梟神은 일간을 생하는 오행이다(이하 인성印星이라 한다). 따라서 보호·포용·비음庇蔭(차양의 그늘)·부지扶持·학습·흡수 등의 성질을 구비하고 있다. 인성은 나를 생하고 나를 떠받치는 것이다. 사회적 측면에서 보면 대개 나를 지도해주고, 도와주고, 돌보아주고, 배려하고, 두둔해주는 사람이 있다. 그는 베풀고, 나는 받는 것이다. 다른 분야에서의 관계 역시 비슷하다. 인성 형태의 사람은 부모·숙부·고모·숙모·선생·선배·코치·신부·목사·현지자 등이다.

정인은 일간과 음양이 다른 오행이다. 실제로 성심을 다해 양육한다. 지도할 능력도 있다. 정인은 내가 필요할 경우에는 무조건 도와준다.

편인은 일간과 음양이 같은 오행이다. 동성끼리라 생하는 능력은 허무하고 부실하다. 대개 조건이 있다. 그래서 편인은 마지못해 나를 양육한다. 나를 지도할 능력이 없다. 내가 필요할 경우에는 대개 조건을 붙여 도와준다. 성장한 후에는 어미 새를 쪼아 죽인다는 올빼미와 같은 성향이라 해서 효신이라고도 한다.

인성의 사람은 한평생 모친에게서 벗어날 수 없다. 모친의 총애를 받는 아이와 같다. 그래서 귀인의 기색이 넉넉하다. 어려서부터 총애를 받아 나태하고 산만하게 변할 수 있다. 마마보이형을 조심해야 한다. 연약하고 겁이 많다. 현실 도피를 좋아한다. 책임감이 약하다. 투지와 박력이 약하다. 경쟁력이 없다. 물질적인 도전 의사가 없다.

정인

정인의 대표는 모친이다. 나아가 나이 든 여성 모두다. 정인은 나를 생하는 것이다. 그래서 정인인 사람은 작은 귀염둥이와 같다. 게으르다. 늘 잠에 빠진다.

모친은 타인을 의식하지 않고 아이를 사랑으로 돌본다. 정인인 사람은 모성의 사랑이 배어 있는 듯하다. 마치 하늘의 도움이 있는 듯 왕왕 흉사도 길로 변한다.

정인인 사람이 내심 가장 바라는 것은 세계 평화와 인류의 건강·쾌락이다. 선의 마음으로 일을 대한다. 덕이 있는 사람의 마음으로 이해한다. 솔선수범한다. 고압강경의 작태는 없다. 다른 사람의 마음을 따뜻하게 만들어 심복하기를 원한다.

정인인 사람은 예절이 바르다. 타인을 이해한다. 무마를 잘한다. 정면으로 타인에게 영향을 미친다. 마음의 교환이 가능하다. 뛰어난 심령사와 같다. 타인은 여러 어려운 일을 토로한다.

표현력을 보면 문장의 질이 좋고, 내용이 있으며, 사상이 있고, 문장이 유려하다. 생김새도 말끔하다. 하지만 생각은 강직하다. 생각이 통하지 않을 경우에는 자신의 의견을 견지한다. 비록 상대가 옳다는 것을 알았더라도 더 이상 듣지 않고 여전히 자신의 관점을 고수한다.

정인의 대표로는 권력도 있다. 도장을 찍어야 계산이 진정한 효력을 나타내는 것과 마찬가지다. 관직은 있지만 도장이 없으면 유명무실이다.

편인

편인의 대표는 자기를 돌보는 나이 든 여성 모두다. 계모·이모 등 모친을 대리하는 여성이라 할 수 있다. 계모의 보살핌으로 자란 사람은 대개 조숙하다. 대개 어른·선배와의 관계에서 마음을 놓지 못하고 의심한다. 타인의 선의나 우호적인 태도를 보지 못하는 사람도 있다. 타인의 자상한 도움도 무조건 의심한다. 자기가 손해를 본다고 생각한다. 그래서 정도, 의리도 무시하게 된다. 그런 점은 정인과는 완전히 상반된다. 정인인 사람은 순수하고 낙관적이다.

편인인 사람은 불안·괴팍·과격·원활하다. 역방향으로 생각하고 반대 가락으로 노래하기를 좋아한다. 사물의 다른 일면을 잘 본다. 사람의 얼굴을 보고 수완을 보인다. 반응이 민첩하다. 학습 능력이 좋다. 상식에 의거하지 않고 일을 한다. 규칙을 지키지 않는다. 자극과 새로운 것을 좋아한다. 수시로 변한다. 혼자서 한다. 요괴에 관심을 갖는다.

특이한 논리를 활용하여 타인의 주의를 끈다. 남이 동을 말하면 서를 말하는 식이다. 목적은 타인에게 자신의 생각이 간파되지 않도록 하는 것이다.

매우 민첩하고 예리하기 때문에, 타인이 말하고 일을 하려고 하면 척 보고 알아차린다. 다만 그것이 좋은 일만은 아니다. 천부적인 능력이 안하무인의 행동을 유발하는 요인이 될 수 있다. 자기 위주·자기만족으로

206

인해 인간관계가 무너질 수 있다.

편인인 사람은 마치 두려운 것이 없는 것 같다. 직언을 서슴지 않는다. 정의의 화신을 방불케 한다. 같은 입장에 있는 사람은 속이 시원하다고 여긴다. 다른 사람의 냉담한 발언에 개의치 않는다. 다른 입장에 있는 사람은 무례하고 비상식적이라고 여긴다.

신변에 귀인과 소인이 동시에 맴돈다. 만나는 소인이 매우 많을 수 있다. 결국 한평생 다른 사람을 위해 싸운다.

합충론(명리학 규칙)

기본 규칙

생 · 극 · 제 · 화와 합 · 충 · 형 · 해 · 파

천간·지지의 상호작용 그리고 변화는 생·극·제·화와 합·충·형·해·파를 기초로 한다. 팔자는 타고나면서 고정된다. 하지만 팔자가 고정되었다고 해서 인생도 고정된 것은 아니다. 팔자는 운세와 만나 변한다. 변화의 기본 원리가 바로 생·극·제·화와 합·충·형·해·파다.

천간은 동動에 속하므로 활동·유동성이 그 속성이다. 따라서 천간 사이의 생극 관계는 특별한 형식 없이 직접적으로 합과 충으로 나타난다. 반면 지지는 정靜에 속하므로 정지·부동성이 그 속성이다. 따라서 지지 사이의 생극 관계는 발생하기가 쉽지 않다. 지지 사이의 실질적 생극은 합·충·형·해·파의 특별한 관계의 개입에 의해 발생한다.

생·극·제·화, 합·충·형·해·파는 천간·지지의 생극 관계, 생극 관계의 선후, 영향력 차이를 말한다. 생극 관계의 선후는 일정하지 않다. 영향력 차이도 일정하지 않다. 명국에서 합과 충이 같이 나타날 때 합은 친한 사람의 영향력, 충은 싫은 사람의 영향력을 의미한다. 사주팔자에서 합과 충은 생극 관계의 기본이다. 다음으로 형·해·파의 순으로 영향력이 나타난다.

합·충·형·해·파는 움직임을 이끌어내는 것이다. 특히 합은 양면성이 있어서 합화를 시키기도 하고, 합거를 시키기도 한다. 또한 정적인 합을 움직일 수도 있다. 충도 합과 마찬가지로 명국의 왕신을 움직이게 하기도 하고, 왕신을 노하게 하기도 한다.

천간·지지의 생극

천간과 지지의 생극은 일정한 기준에 따라 다양한 변화를 일으킨다.

본주 천간·지지 생극

연주·월주·일주·시주는 각각 천간·지지로 구성되어 있고, 각 주의 천간·지지 사이에서는 실질적 생극 관계가 발생한다. 다른 주의 천간·지지는 단지 기세만의 생극 관계다.

천간의 생극

일반적으로 천간 사이의 생극은 천간이 위치한 간격에 따라 영향력 차이가 나타난다. 천간이 붙어 있으면 영향력이 크고, 한 칸 떨어져 있으면 영향력이 작으며, 멀리 떨어져 있으면 영향력은 거의 없다. 연천간과 시천간은 멀리 떨어져 있어 무시해도 상관이 없다.

지지의 생극

지지 사이의 생극 역시 지지가 위치한 간격에 따라 영향력 차이가 나타난다. 지지가 붙어 있으면 영향력이 크고, 한 칸 떨어져 있으면 영향력이 작으며, 멀리 떨어져 있으면 영향력은 거의 없다. 연지지와 시지지는 멀리 떨어져 있어 무시해도 상관이 없다.

세운과 명국의 생극

세운과 명국의 관계는 천간 대 천간, 지지 대 지지의 관계다. 세운 천간은 명국의 지지에, 세운 지지는 명국의 천간에 직접적으로 생극의 영향력을 미칠 수 없다.

지지의 관계

지지 간에는 합·충·형·해·파가 없는 관계도 있다. 그러한 지지 관계에서는 당연히 생극 관계를 거론할 필요는 없다. 지지 관계 일람표에 지지의 합·충·형·해·파, 무관계 등을 제시하였다.

지지 관계 일람표

	子	丑	寅	卯	辰	巳	午	未	申	酉	戌	亥
子		합		형	삼합국		충	해	삼합국	파		
丑	합				파	삼합국	해	형·충		삼합국	형	
寅						형·해	삼합국		형·충		삼합국	합·파
卯	형				해		파	삼합국		충	합	삼합국
辰	삼합국	파		해	형				삼합국	합	충	
巳		삼합국	형·해						합·형	삼합국		충
午	충	해	삼합국	파			형	합			삼합국	
未	해	형·충		삼합국			합				형·파	삼합국
申	삼합국		형·충		삼합국	합·형						해
酉	파	삼합국		충	합	삼합국					형	해
戌		형	삼합국	합	충		삼합국	형·파		해		
亥			합·파	삼합국		충		삼합국	해			형

생

정상적 생과 비정상적 생

정상적 생은 생을 하는 쪽과 생을 받는 쪽의 역량이 비슷하여 생의 유통이 정상적으로 이루어진다. 생을 하는 쪽의 힘이 감소하고, 생을 받는 쪽의 힘이 증가한다. 하지만 생을 하는 쪽은 힘이 감소한다고 해도 상처를 받지는 않으며, 일종의 반사 이익을 얻게 된다.

비정상적 생은 두 가지 정황이 있다. 하나는 생이 많아 극이 되는 경우다. 생을 하는 쪽의 힘이 막강하고, 생을 받은 쪽의 역량이 약한 경우다. 양쪽 역량의 현저한 차이로 생을 받는 쪽이 이익을 얻지 못하고 오히려 손상을 입는다. 명리학상 목다화색·화다토초·토다금매·금다수탁·수다목부 등이 있다.

다른 하나는 생을 하는 쪽의 힘은 약하고 생을 받는 쪽의 힘이 강한 경우다. 생을 받는 쪽으로 힘이 도설盜洩되므로, 생을 하는 쪽은 상처를 입는다. 명리학상 목다수축·화다목분·토다화회·금다토허·수다금침 등이 있다.

동성 상생과 이성 상생

오행 상생의 힘은 동성 상생의 힘이 작고, 이성 상생의 힘이 크다. 음양 이론에 따라 우주 만물을 보면, 음은 무형이고 양은 유형이다. 또한 음은 사상·정신·내재된 사물인 반면, 양은 신체·외재·실제적 사물이다. 음양의 관계는 동성은 서로 배척하고, 이성은 서로 껴안는 이른바 동성상척同性相斥 · 이성상흡異性相吸이다.

극

극

극은 역량이 비슷한 두 가지 오행이 겨루는 것이다. 서로 견제하므로 어느 쪽이 극하더라도 극을 받는 쪽이 무너지지는 않는다. 동성은 서로 배척하기 때문에 동성 상극의 힘이 크고 농도도 진하다. 싫어하는 두 남자가 합세하기는 어려운 것과 같다. 이성은 서로 껴안기 때문에 이성 상극의 힘은 작다. 사랑하는 남녀의 충돌이 적대적이지 않은 것과 같다.

생은 항상 긍정적이고 극은 항상 부정적인 게 아니다. 생이 필요할 때 생하면 좋고, 생이 불필요할 때 생하면 나쁘다. 극이 필요할 때 극하면 좋고, 극이 불필요할 때 극하면 나쁘다. 정상적 생과 극은 서로 버티어주고, 서로 이루어준다.

제

제는 극의 기반이 탄탄하고 극의 힘이 강력해 극을 받는 쪽의 목숨까지 빼앗는 것이다. 극하는 쪽의 역량이 막강한 반면, 극을 당하는 쪽의 역량은 미약해 오행이 크게 손상되어 전혀 작용하지 못하게 된다. 사주

중 어떤 오행이 제복制服을 당하면 그 오행이 왕한 사람은 업무상·신체상 큰 재해를 맞게 된다.

하지만 극하는 쪽보다 극을 당하는 쪽의 역량이 막강하다면 오히려 극하는 쪽의 손상이 엄중하다. 이를 반극이라고 한다. 반극은 극하는 쪽이 생극권을 잃는 것이다. 반극 역시 제다. 명리학상 목다금결·화다수건·토다목절·금다화식·수다토산 등이 있다.

천간 상극 규칙

❶ 양간이 양간, 음간이 음간을 극하면 극력이 매우 강하다. 음간이 양간을 극하면 극력이 강하다. 양간은 왕왕 음간을 극하지 않고 이른바 간합을 한다.

❷ 경금과 갑목을 예로 들면, 경은 갑을 극하고 갑은 극을 받는다. 극을 받는 갑은 패했지만 남는 게 없고, 극을 하는 경은 승리했지만 피로하다. 양쪽 모두 상처를 입는다.

❸ 경년 갑일은 월주 한 칸의 간격이 있어서 극력은 경감한다. 경년 갑월은 바로 붙어 있어 극력이 매우 강하다.

❹ 일간이 극을 만나거나 설을 만나면, 양쪽이 패해 상처를 받는다고 하지 않는다.

❺ 경신과 갑인이 만나 천간·지지 양쪽으로 극이 있거나, 경경과 갑갑이 균형을 이뤄 극이 이뤄진다면 극력도 훨씬 강해진다.

❻ 경 1개, 갑 1개에 갑이 득령 또는 득세하면, 경은 승리하기 어렵고

갑은 상처를 받지 않는다. 약한 경 2개에 강한 갑 1개이면 싸움이
이뤄진다.

❼ 경년 갑시로 경과 갑이 멀리 떨어져 있으면 극력은 극히 미약하다.

❽ 경년 임월 갑일이면 임이 경을 설하고 갑을 생하는 조정의 역할을
하므로 경이 갑을 극하는 듯 보이지만 실제로는 극하지 않는다.

❾ 경년 병월 갑일이면 병이 경을 극하므로 경이 갑을 극하지 못한다.

천간합

합의 의미

합은 오행 생극의 표현 형식 중의 하나다. 합을 해서 화합이 되면 합
화라고 한다. 합을 했지만 화합이 안 되면 반주絆住(묶인다)라고 한다.

천간·지지의 합은 응축 현상과 유사하다. 천간·지지의 충·형·해·
파는 붕괴 현상과 유사하다. 합은 물질의 응축과 비슷해서 응축도를 구
체적으로 관찰하기가 쉽다. 충·형·해·파는 물질의 실질적 분화 현상과
비슷해서 파악하기가 쉽지 않다.

합으로 나타나는 좋은 현상은 협력·동반·화해·소통·친교·연애·결
혼·사모·통신·탐방·단합·결사·집회·조합·개선·순으로 반전 등등
이다. 한마디로 바뀐다고 할 수 있다.

합으로 나타나는 나쁜 현상은 굴레·속박·감금·곤핍·압력·우울·모

순·반심·유예·타협·투항·절교·침몰·역으로 반전 등등이다. 한마디로 묶인다고 할 수 있다.

천간합화

천간합은 항상 합화로 나타나는 것은 아니다. 천간합은 마치 열연하는 남녀의 관계와 비슷하다. 사랑에 파묻혀 서로 한 덩어리가 되기도 하지만, 둘이 반드시 결혼에 이르게 되는 것은 아니다. 두 사람이 혼인해 부부가 되어 가정을 이룬다면 합화가 된 것이다.

천간이 합은 했지만 불화하면, 한쪽 천간 또는 양쪽 천간이 견제를 받아 천간이 원래의 역량을 발휘할 수 없다. 그러나 합했지만 불화하여 사주에 유리한 국세가 되는 경우도 있다.

천간합화는 갑기합화토·을경합화금·병신합화수·정임합화목·무계합화화 등 다섯이다.

천간 오합은 일정한 조건 아래서는 합화하지 않거나(불화), 반대로 합하기도(반화) 한다. 다시 말해, 갑기합화목·을경합화목·병신합화화 또는 금·정임합화수 또는 화·무계합화토가 되기도 하는 것이다.

합화나 반화는 하나의 공통된 규율이 있다. 강한 것에 순종하여 화한다는 것으로, 역량이 강한 쪽으로 순종하는 것이다. 갑기합을 보자. 기토의 역량이 강대하고 갑목의 기력이 약하면 갑목은 기토에 순종하여 합화한다. 만일 쌍방의 기력이 대등하면 합은 하지만 합화가 되지 않는다. 갑목의 역량이 대단히 강하고 기토는 쇠약할 경우, 갑기는 반화하여 목

216

이 된다.

천간합화에 성공하면 합화한 오행으로 생극을 논한다. 천간합이 이뤄졌지만 합화가 되지 않은 경우는 갑은 원래의 갑으로, 기 역시 원래의 기로 논한다. 단지 합의 존재는 인정한다.

천간합 규칙

❶ 합을 해 합거合去가 되면 양 천간 모두 묶인다. 병년 신월이면 양 천간 모두 묶인다.

❷ 갑일이 신을 만나고 또 병을 만나면 병신합으로, 신은 갑의 정관으로 작용하기 어렵다. 병은 식신인데 합이 되어 식신 작용을 하기 어렵다.

❸ 양 일간은 재성과 합하고, 음 일간은 관성과 합하지만 합해도 합거하지 않는다.

❹ 갑년 기월은 천간이 붙어 있어서 합력이 매우 강하다.

❺ 갑년 기시는 천간이 멀리 떨어져 있어 합할 수 없다.

❻ 병신합의 경우 병이 득령·득세하면 합력이 10의 6, 7로 묶인다. 신이 실령 실세하면 역시 합력이 경미하다.

❼ 투합·쟁합은 집중하지 못해 합력은 10의 5, 6이 된다.

❽ 을년 을월 경일은 을월과 경일, 을년과 경일이 합한다. 투합·쟁합은 모두 이와 같다. 예전에는 을월과 경일이 합이 되었으므로 멀리 있는 을년의 합은 논하지 않았다.

천간합화 규칙

❶ 만물은 토에서 생한다. 갑기합이 시작으로 화토가 된다. 토생금으로 을경합화금이 다음이다. 금생수로 병신합화수가 그다음이다. 수생목으로 정임합화목이 그다음이다. 목생화로 무계합화화가 그다음이다.

❷ 월지의 진·술·축·미월은 토로 화할 수 있다. 인·오·술월은 화로 화할 수 있다. 신·자·진월은 수로 화할 수 있다. 사·유·축월은 금으로 화할 수 있다. 해·묘·미월은 목으로 화할 수 있다. 인월은 목, 신월은 금, 사월은 화, 해월은 수로도 화할 수 있다.

❸ 일간은 합을 해 합화할 수 있다. 일간은 명의 주인이다. 다른 천간은 합을 해 합화할 수 없다. 다른 천간은 손님이다. 예를 들어 갑일은 기월 또는 기시와 합해 토가 될 수 있다. 하지만 갑년 기월은 합을 해도 합화할 수는 없다.

❹ 사주에 나타난 천간은 명明, 지장간은 암暗이 된다. 명과 암도 합을 하지만 불화한다. 예를 들어, 기해라면 천간 기는 지지 해의 지장간 중 갑과 합을 하지만 합화할 수는 없다.

❺ 갑일 기년은 한 칸 떨어져 있어 합을 할 수 있지만 합화를 말할 필요는 없다.

천간 극과 합 혼재 규칙

❶ 경년 을월 갑일이면 경을은 붙어 있고 경갑은 한 칸 떨어져 있어,

경을합은 되지만 경갑극은 이뤄지지 않는다.

❷ 경년 신월 을일이면 신을은 붙어 있고 경을은 한 칸 떨어져 있어, 신을극은 되지만 을경합은 이뤄지지 않는다.

❸ 갑년 경월 을일이면 극과 합이 있고 극도 합도 붙어 있지만, 합으로 논한다. 경이 갑을 극할 수 있지만 경을합을 한다. 갑은 무너지지 않는다.

❹ 병년 경월 을일이면 극과 합이 있고 극도 합도 붙어 있지만, 극으로 논한다. 병이 경을 극하므로 경을합이 이뤄지지 않는다. 경의 세력이 강하면 병이 경을 극하기 어려워 경을합이 이뤄질 수도 있다.

지지합

지지 육합

지지 육합은 지구의 자전축과 자기축의 관계와 유사하다. 지구의 자전축은 통칭 지리상의 북극점과 남극점의 선을 말하고, 자기축은 나침반이 가리키는 자기상의 북극점과 남극점의 선을 말한다. 지리적 축선과 자기적 축선의 기울기 차는 약 15도다. 자전축이 북극점인 자, 남극점인 오의 선이라고 한다면 자기축은 자와 축, 오와 미의 중간선을 통과한다고 할 수 있다. 지지 육합은 자기축을 중심으로 대칭되는 지지의 합이다.

지지 육합의 관계는 합해서 왕해지는 합왕·합약·상해를 입는 수상受
傷 모두 가능하다. 천간과 지지의 음양 속성에 따라 달라진다.

자축합토

수가 왕한 상황 아래 축토는 수를 도울 역량이 적어 자축이 합해 토
가 된다고 하지 않는다. 임자와 계축이 만나면 수가 왕하다. 만일 임
자와 기축 또는 정축이 만나면 서로 상대방의 기세를 견제하므로
합의 관계는 이뤄지지 않는다.

인해합목

양쪽 모두 천간의 결정에 따라 합해서 왕할 수 있다. 갑인과 을해가
인해합으로 목이 왕하게 된다. 임인과 계해가 만나면 합해서 수가
왕해지며, 목이 왕해지는 것이 아니다.

묘술합화

천간 조합에 따라 묘술합으로 화가 왕해지는지가 결정된다. 술토와
묘목의 천간이 화이면, 예를 들어 병술과 정묘가 만나면 화가 왕해
진다. 천간이 화가 아니라면 묘술은 합화가 될 수 없다. 병술이 계묘
를 만나면 술의 화기가 상해를 입어 합화할 수 없다.

진유합금

진토가 반드시 유금을 생하는 것은 아니다. 진유 모두 합해서 왕해질 가능성을 갖고 있다. 갑진·병진·무진·경진·임진이 유금을 만나면 반드시 생한다고는 하지 않는다. 유금의 음양 속성을 보아야 한다. 신유가 경진·무진·병진을 만나면 합해서 금이 왕해진다. 하지만 신유가 갑진·임진과 만나면 합해서 금이 왕해질 수 없다.

사신합수

화가 왕하면 사화는 신금을 극할 수 있다. 정사가 병신을 만나면 사신이 합해서 화가 왕해진다. 화의 조합이 왕하지 않으면 신금과 합이 될 수 있다. 계사와 병신이 만나면 사화가 약해서 합수가 될 수 있다. 사화와 신금은 관계는 극이나 합의 관계로 끝나는 게 아니다. 형도 되고 파도 되므로 뒤끝이 좋지 않다.

오미합화

오화는 미토를 생한다. 오와 미가 음양 조합이 되면 합력은 더해진다. 오미합은 합이 되어도 불변이다.

지지 삼합국

지지 삼합국은 오행의 장생·제왕·묘고의 연결로 이뤄진다.
수의 장생은 신, 제왕은 자, 묘고는 진이므로 신·자·진이 합해 수국이 된다.

목의 장생은 해, 제왕은 묘, 묘고는 미이므로 해·묘·미가 합해 목국이 된다.

화의 장생은 인, 제왕은 오, 묘고는 술이므로 인·오·술이 합해 화국이 된다.

금의 장생은 사, 제왕은 유, 묘고는 축이므로 사·유·축이 합해 금국이 된다.

지지 삼합국 중 가운데 자를 포함해 두 자가 만나면 반합이다. 가운데 자가 없이 양쪽 두 자가 만나면 공합拱合이다. 예를 들어, 인·오·술 화국 중 인·오 또는 오·술이 만나면 반합이다. 인과 술이 만나면 공합이다. 삼합국의 역량은 장생·제왕·묘고가 만난 것이므로 지지 육합의 2배가 된다. 반합은 육합의 역량과 비슷하다. 공합의 역량은 상황에 따라 정해 진다.

지지 방합국

인·묘·진은 동방 목국이 된다.

사·오·미는 남방 화국이 된다.

신·유·술은 서방 금국이 된다.

해·자·축은 북방 수국이 된다.

방합국의 역량은 삼합국에 버금간다. 반방합국은 기운이 흐트러지므로 역량은 미미하다.

지지 육합 규칙

❶ 육합은 붙어 있을 때 합력이 크다. 한 칸 떨어져 있으면 합력은 작고, 멀리 떨어져 있으면 합력은 거론할 필요가 없다.

❷ 명국에 희용신喜用神 지지가 다른 지지와 합해 없어지면(합거) 불길하다. 명국에 기구신忌仇神 지지가 다른 지지와 합해 없어지면 흉하지 않다. 명국에 희신인 사화가 신금과 만나 합거되면 불길하지만, 기신인 사화가 신금과 만나 합거되면 흉하지 않다.

❸ 합은 명국의 형·충을 해제한다. 명국의 희신 묘목이 유금으로 충거가 되었는데 진토를 만나 진이 유금을 합하면 충이 해제된다.

지지 삼합국 규칙

❶ 삼합국의 역량은 반합보다 크다. 반합의 역량은 공합보다 크다. 공합은 핵심인 자·오·묘·유가 빠져 역량이 미미하다. 하지만 공합이 천간에 필요한 신이 투출되면 역량은 증가한다. 인·술 공합인데 천간에 병·정이 투출하면 그 역량이 강해진다.

❷ 반합과 공합은 붙어 있는가가 중요하다. 중간에 충하는 자가 있으면 충으로 논하지, 합으로 논하지 않는다. 중간에 한신이 있으면 합력은 거의 없다. 하지만 천간에 합신의 글자가 투출되면 합으로 논한다. 예를 들어, 인·오 중간에 신이 있으면 충으로 논한다. 인·오 중간에 묘가 있으면 합력은 반감한다. 하지만 천간에 무·기가 투출하면 합으로 본다.

❸ 삼합국은 충을 싫어한다. 삼합국 가운데 충하는 자가 있으면 파국이 될 수 있다. 하지만 충하는 자가 삼합국 바깥에 있으면 합과 손損을 같이 논한다.

❹ 삼합국은 형하는 자가 있어도 파국되지는 않는다. 조금 손상을 입는다.

❺ 삼합국은 지지 순서 배열에 구애받지 않는다. 세운에서 만나도 삼합국이 된다.

지지 방합국 규칙

❶ 방합국의 역량은 삼합국의 역량에 버금간다.

❷ 방합국은 기가 한쪽으로 쏠려 하나로 모이므로 합력이 막강하다. 방합국은 형·충을 두려워하지 않는다. 방합국이 형·충을 만나면 통상 합과 충을 같이 논한다.

❸ 방합국이 다른 지지와 육합·반합·공합이 되어도 방합국은 거의 영향을 받지 않는다. 합이 혼잡하게 된 것이 아니다.

❹ 방합국의 음양은 우선 월지에 따라 정한다. 인·묘·진 방합국의 월지가 인이면 방합국은 양목(갑), 묘이면 음목(을)이 된다. 월지가 인·묘가 아닌 경우엔 천간에 투출된 갑목 또는 을목으로 정한다. 갑목·을목이 모두 투출했거나 없으면 묘의 지장간 본기 을목으로 한다. 다른 경우도 마찬가지다.

충

충의 의미

충은 극간의 전쟁을 의미한다. 지지가 붙어 있으면 충돌이 되고, 간격이 있으면 시비가 된다.

충의 길상은 새로운 전기·속박의 탈피·견제의 해제·적폐의 개선 결심·악습 타파·좋은 전환점·창의·책략·과감한 결정·외부의 도움·적대자 제압·난제 극복·부당한 인사의 철회·조력자 확보·이사·승진·출장·출국·창업·수확·수술·공사 등등이다.

충의 흉상은 파괴적 전기·시기와 질투·심신 불안·인사 불안·배척·분리·타격·강등·도피·이변·시비·충돌·마찰·재해·균열·절교·파괴·약탈 등등이다.

천간충 · 지지충

충은 두 오행이 서로 싸우는 상충으로, 극에 비하여 영향력이 크다.

충은 충을 하는 쪽과 충을 받는 쪽이 있다. 양쪽의 차이는 생극에 의해 구분되는 것이 아니라 움직임과 왕쇠旺衰 여부에 의해 구분된다. 일반적으로 충을 하는 쪽은 움직이는 쪽과 왕한 쪽이다. 움직이는 쪽은 대운과 세운이다. 명국 중 충의 성립 조건은 지지가 붙어 있어야 한다는 것이다. 간격이 있는 지지의 충은 충력이 없다. 상충은 쌍방의 힘이 같이 감소한다. 왕한 쪽의 감력이 적고, 쇠한 쪽의 감력이 크다.

천간 상충

갑경충·을신충·병임충·정계충이 있다. 갑경충의 경우 경은 갑과 충하고 또 극하는 관계다. 갑과 경이 충하는 경우에는 다른 요소를 따질 필요 없이 경이 이기고 갑이 패한다. 갑목은 생극권을 잃는다. 다른 경우도 마찬가지다.

지지 상충

자오충·축미충·인신충·진술충·묘유충·사해충이 있다. 지지충은 12지지의 방향성에서 정반대에 있다. 진술충·축미충의 토충을 제외하고 모두 성질이 상반되는 오행의 전쟁이다.

충의 성질

지지 간 합·충·형·해·파의 작용은 움직임이다. 특히 충은 흐트러뜨리고 움직이게 하려고 한다. 왕상 오행은 충을 받으면 움직이거나 바뀌게 된다. 휴수 오행은 충을 받으면 흩어지거나 패하여 생극권을 잃게 된다. 용신이 충을 받으면 예측 불가의 재해·차량 사고 같은 것을 만날 수 있다. 상충의 작용은 우선적으로 길흉, 다음으로 사건 발생이라 할 수 있다.

상충하는 오행의 역량이 같으면 쌍방 모두 역량이 감소한다. 다만 극을 하는 쪽의 감력이 적고, 극을 당하는 쪽의 감력이 크다. 어느 쪽도 이기지 못해 변동이 대단히 많다.

토의 상충은 이론이 분분하다. 충으로 토가 깨진다고도 하며, 고庫가 열린다고도 한다. 일반적으로 토충은 지장간 본기를 움직이게 하여 토가 훨씬 왕성하게 되므로, 지장간이 같이 손상을 받는다고 본다. 시작과 변동으로 풀이한다.

팔자에 충이 있으면 일생이 편안하지 않고 파동이 많다. 하는 일의 변동과 풍파는 오행 10신의 상충론으로 논한다. 재성과 인성의 상충은 인사 변동을 뜻하고, 정관과 상관이 충하면 관재·병재 등을 뜻한다. 일지가 충하면 혼인이 순조롭지 않거나 이동수가 많다고 풀이한다.

충의 결과는 지지의 위치·거리에 따라 결정된다. 자오충·축미충의 영향력이 가장 크다. 인신충·사해충의 영향력이 다음이다. 묘유충·진술충의 영향력이 그다음이다.

지지 6충 규칙

❶ 지지는 지장간이 있어 지지충은 천간충보다 복잡하다. 상충하는 지지는 전쟁을 멈추지 않아 본기가 중하게 된다. 예를 들어, 자오충은 수극화로 자가 이기고 수가 패한다. 하지만 오는 상처를 받고, 자는 힘이 빠지게 된다.

❷ 자는 오에게 이기지만 오가 월지에 있고 세력이 강하면 자에 이기게 된다. 하지만 자는 지더라도 죽지 않고 조금 무력해질 뿐이다.

❸ 인신충·사해충은 지장간이 상극이므로 양쪽 모두 패하고 상처를 받는다.

❹ 진술충·축미충은 본기가 모두 토가 되어 충동이 지속되지만 극의 전쟁은 없다.

❺ 자오충·묘유충은 승패의 판단이 쉽다. 시령과 과다를 보면 판단이 어렵지 않다.

❻ 연지와 시지의 상충은 거리가 멀어 충의 뜻이 없다. 해저충이라고 한다.

❼ 연지와 일지, 월지와 시지의 상충은 한 칸 떨어져 있어 충력은 줄어든다.

❽ 지지 상충에서 한쪽이 공망이면 충력은 약하다.

❾ 오년 오월 자일이면 오월 자일의 충력은 크고, 오년 자일의 충력은 약하다.

❿ 오년 자월 오일인데 오의 힘이 강하면, 충격은 짧고 승패는 비긴다. 자의 힘이 강하면 세력이 균형을 이루어 충세가 극렬하다.

⓫ 토충인 진술충과 축미충은 두 지지의 지장간 본기 습토와 조토가 격하게 활동한다. 또한 중기와 여기도 서로 싸운다. 어느 토의 기세가 강한지를 기준으로 승부를 판단한다.

⓬ 인신충·사해충은 지장간 본기·중기·여기의 충과 극이 이뤄지는 등 다방면에서 교전이 이뤄져 복잡하다. 교전이 다양하기 때문에 세력이 비슷하면 양쪽 모두 상처를 입게 된다.

⓭ 지지 상충에서는 두 지지의 어느 지장간이 당령하는지, 또는 세력이 강한지를 종합적으로 검토해 승부를 판단해야 한다. 자오충·묘

유충의 경우 항상 자가 오에, 묘가 유에 이기는 게 아니라 반대의 경우도 있다.

형

형의 구성

지지의 형은 삼합국(신·자·진, 인·오·술, 사·유·축, 해·묘·미)과 방합국(인·묘·진, 사·오·미, 신·유·술, 해·자·축)의 대응에서 생긴다. 삼형·상형·자형自刑이 있다.

삼형은 인·사·신(인형사·사형신·신형인), 축·술·미(축형술·술형미·미형축)가 있다.

상형은 자·묘(자형묘·묘형자)가 있다.

자형은 진·오·유·해(진형진·오형오·유형유·해형해)가 있다.

형의 성질

지지 형의 기본 뜻은 서로 해치고 싸운다는 것이다. 약자가 강자를 교란시키거나 강자가 약자를 배제하는 경우가 많다.

지지 형의 관계는 다소 복잡하다. 천간 성질이 같은 지지의 상형은 길흉이 비교적 적다. 성질이 다르고 역량 차이가 크면 길흉이 분명하게 나타난다. 예를 들어, 을묘가 임자·갑자를 만나면 모두 묘목을 형하지만 상해의 정도는 같지 않다. 임자가 묘를 형하는 게 상해 정도가 크다. 진·오·유·해 자형은 천간이 같으면 병림竝臨이 되며 천간이 달라야 자형이 되고 상해가 있다. 예를 들어, 신유가 신유를 만나면 병림이 되지만 정유를 만나면 자형이 된다.

일반적으로 인·사·신, 축·술·미 삼형은 관재·병재와 관련이 있다. 인·사·신 삼형은 다른 오행의 형이라 복잡한 일이 생기며, 축·술·미 삼형은 같은 기운이라 한 가지 큰일이 생긴다고 본다. 원국에 있거나 운에서 이뤄지거나 적절한 대처가 필요하다.

자·묘 상형은 바람을 피우거나 수술·난치병을 만나게 될 수 있다고 본다.

형의 규칙

❶ 자수는 묘목을 생하지만, 만약 자가 많아 묘를 형하면 실제 수다목부가 되어 목이 손상을 입는다. 묘목이 용신이고 길한데 자수를 만나면 기신이 되고 흉해진다.

❷ 인목은 사화를 생하지만, 만약 인이 많아 사를 형하면 실제 목다화식이 되어 사화가 손상을 입는다.

❸ 사신형은 사신합도 된다. 합충이 우선이므로 실제 합으로 논한다.

❹ 인신형은 인신충도 된다. 합충이 우선이므로 실제 충으로 논한다.

❺ 인·사·신 삼형은 인목이 사화를 생하고, 사화는 신금을 극하는 형국이다. 따라서 사화가 왕해야만 삼형이 이뤄진다는 주장도 있다.

❻ 축·술·미 삼형은 실제 토의 기운이 모여져 토의 역량이 증대된다. 지장간의 성분 정도에 따라 손상이 발생한다. 삼형이 되었는데 토가 기신이 되면 흉하다.

❼ 진·오·유·해 자형은 각각의 역량이 증가된다.

해

해의 구성

해는 자·미 상해, 축·오 상해, 인·사 상해, 묘·진 상해, 신·해 상해, 유·술 상해 등이다. 6개이므로 육해 또는 육천六穿이라고 한다. 천심穿心 육해라고도 한다. 천심은 고의로 교란·파괴한다는 의미다.

육해는 합을 질투해 음으로 해를 끼치려는 것이다. 해는 지구의 자기장과 유관하다. 해는 오행의 극과는 무관하다.

예를 들어, 자축합에 축미충이 되면 자미는 상해가 되고, 자축합에 자오충이 되면 축오는 상해가 된다. 또한 인해합에 사해충이 되면 인사는 상해가 되고, 인해합에 인신충이 되면 신해는 상해가 된다. 묘술합에 진술충이 되면 묘진은 상해가 되고, 묘술합에 묘유충이 되면 유술은 상해가 된다.

해의 규칙

❶ 지지의 합·충·형·해·파 중 합·충 관계가 긴요하다. 형·해·파의 관계는 비교적 가볍다.

❷ 지지 상해는 음양오행 생극에서 오는 게 아니다. 따라서 지지 상해는 양쪽이 서로 작용과 영향을 만든다. 절대 한쪽이 다른 쪽에 작용하는 게 아니다.

❸ 두 지지가 상해라도 충이 없으면 별 영향이 없다.

❹ 두 지지가 상해인데 한쪽이 합을 만나면 합으로 논한다.

형과 해의 의미

형과 해의 성격은 충과는 다르다. 충은 직접적·돌발적·명확한 성격으로 비교적 단기간 내에 그 형상이 드러난다. 반면 형과 해는 잠복적 요소가 장기적으로 발효해 그 형상이 나타난다. 형과 해는 자신 때로는 다른 사람의 마음과 잠재적 의식·생활 습관·사회적 환경 등을 견제하고 간섭한다. 때로는 회사·정부·법령·제도 등을 견제하고 간섭한다. 형과 해는 내가 타인을 형하고 그가 타인을 해하거나, 타인이 나를 형하고 내가 나를 해하는 일도 만들 수 있다.

파

파의 구성

지지 상파는 지지가 서로 방해하고 파괴한다. 자유파·축진파·인해파·묘오파·사신파·술미파 등 6개가 있다.

상파는 지지 4장생(인·신·사·해)·제왕(자·오·묘·유)·4묘고(진·술·축·미) 내의 일종의 기 싸움이다. 지지가 서로 파한다. 4장생에서는 오행의 기가 비등해 기 싸움이 극렬하지 않아 인해파·사신파의 파괴력은 크지 않다. 하지만 4제왕의 경우엔 오행의 기가 이미 왕성해진 터라 서로 양보할 수 없는 상태라 자유파·묘오파의 파괴력은 엄중하다. 4묘고에서는 기가 쇠퇴하는 단계라 축진파·술미파의 파괴력은 내부 충돌의 수준으로 응용력도 작다.

파의 성질

❶ 자유파·묘오파는 원래 상생의 관계다. 하지만 양쪽 모두 제왕으로, 제왕은 생하지 않는 것이다. 모두 자신이 최고라고 생각해서 도움을 받지도 않거니와 설기하지도 않는다. 자신의 직책을 이행하지 않는 것이다.

❷ 진축파·술미파는 지장간 내부의 파괴로 파악하기가 쉽지 않다.

❸ 인해파는 인해합도 된다. 사신파는 사신합·사신형도 된다. 인해파·사신파는 지장간의 작은 충돌이라 파악하기 쉽지 않다.

60갑자 천간·지지 생극 관계

60갑자 천간과 지지는 위아래로 붙어 있다는 점에서 생극 역량은 직접적이라고 할 수 있다. 60갑자의 천간과 지지간 생극 관계·상호 제약·상호 영향은 같지 않다.

60갑자의 천간·지지 생극 관계는 지지의 지장간 본기를 기준으로 크게 다섯 가지로 구분해볼 수 있다.

천간 극 지지

천간이 지지를 극하는 것은 개두蓋頭라고 한다. 천간은 솥뚜껑과 마찬가지로 지지를 덮어 지지는 정상적인 역량을 발휘할 수 없다. 이러한 천간·지지 조합은 오행 역량에 영향을 미치는 특별한 정황이 없는 경우 양쪽 모두에 이익이 되지 않는다. 개두 조합은 모두 12개(갑진·갑술·을축·을미·병신·정유·무자·기해·경인·신묘·임오·계사)다.

지지 극 천간

지지가 천간을 극하는 것은 절각截脚이라고 한다. 양쪽 모두 이익이 없다. 천간이 받는 손상은 엄중하지만, 지지의 소모 역량은 비교적 적다. 절각 조합은 모두 12개(갑신·을유·병자·정해·무인·기묘·경오·신사·임진·임술·계축·계미)다.

천간 생 지지

천간이 지지를 생하면 천간의 기운이 설기된다. 천간이 감력되는 만큼 지지는 힘을 얻게 된다. 이와 같은 조합 역시 12개(갑오·을사·병술·병진·정미·정축·무신·기유·경자·신해·임인·계묘)다.

이러한 조합의 일주라면 일간이 식상에 앉는 셈이다. 곤명에선 혼인 불순의 경우가 많다. 일간이 식신에 앉은 것은 그래도 낫지만, 상관에 앉는 것은 좋지 않다.

지지 생 천간

지지가 천간을 생하면 지지는 감력하고 천간은 증력한다. 이러한 조합 역시 12개(갑자·을해·병인·정묘·무오·기사·경진·경술·신축·신미·임신·계유)다.

천간 지지 협조

천간과 지지의 지장간 본기가 같은 오행에 속하면 천간이 바로 통근하게 된다. 천간과 지지의 협조가 이뤄진다. 이러한 조합 역시 12개(갑인·을묘·병오·정사·무진·무술·기미·기축·경신·신유·임자·계해)다.

용신론

용신의 개념

사주에서는 일간을 중심으로 왕쇠강약旺衰强弱의 중화를 중시한다. 사주의 주인공인 일간의 힘이 너무 강하지도, 너무 약하지도 않은 상태가 중화다. 하지만 사주 명국에서 중화가 이루어진 경우는 그렇지 않은 경우보다 훨씬 적다. 대부분은 중화를 위해 필요한 오행(또는 육친)을 찾아써야 한다. 사주에서 가장 필요로 하는 오행이 바로 용신用神이다.

일간을 제외하고 사주에서 가장 중요하게 거론되는 것이 용신이다. 일주가 몸이라면 용신은 정신이라는 말도 있을 정도다. 용신의 역할은 일간이 강하면 힘을 빼주고 일간이 약하면 힘을 더해줌으로써, 사주가 균형과 안정을 찾아 일간이 원활하게 활동할 수 있도록 하는 것이다. 하지만 사주에는 중화를 하고 싶어도 할 수 없는 명국도 있다. 일간의 힘이 한쪽으로 기울어져 너무 강하거나 약한 경우다. 이때는 대세를 따르는 오행이 용신이 된다.

사주의 추명에서 용신을 잘 찾는 일은 대단히 중요하다. 사주에는 용신이 하나인 사주가 대부분이지만, 용신은 여럿이 될 수도 있고 없을 수도 있다. 용신이 여럿인 사주는 필요한 오행을 여럿 쓸 수 있다는 점에서 매우 좋을 것이다. 반면 용신이 없는 사주는 매우 답답한 형국이 아닐 수 없다. 용신은 대운과 세운에서 사주와 만나거나 합충 등으로 변화가 생길 때 상황에 따른 기능을 한다. 용신을 잘못 찾거나 거꾸로 찾는다면 추명은 엉망진창이 될 수밖에 없다.

용신을 찾는 방법을 용신 취용법이라고 한다. 용신은 만드는 것이 아니라 사주 원국에서 찾아야 한다. 용신을 잘 찾는 방법에 대해서는 지금도 새로운 이론이 등장할 정도로 이론과 해석이 분분하다. 일반적으로 일간을 중심으로 하는 용신으로는 다섯 가지가 오래전부터 통용되어왔다. 억부용신抑扶用神 · 조후용신調候用神 · 병약용신病藥用神 · 통관용신通關用神 · 전왕용신專旺用神이 그것이다.

또한 용신에는 격국格局용신도 있다. 격국에 대해서는 8장 격국론에서 살펴볼 것이지만, 격국에서 사용하는 용신을 일간용신과 구분해 격국용신이라고 한다. 격국용신 역시 용어부터 논란이 분분하다. 일반적으로 격국용신은 사주 주인공의 사회적 관계와 관련이 있다고 본다.

용신의 개념에서 더 살펴보아야 할 것은 사주에는 일간에 필요한 오행인 용신만 있는 게 아니라는 점이다. 용신을 기준으로 용신의 역할을 돕는 오행도 있고, 방해하는 오행도 있고, 크게 상관하지 않는 오행도 있다. 이른바 희신喜神·기신忌神·구신仇神·한신閑神 등이다. 용신을 포함하여 일반적으로 희·용·기·구·한喜用忌仇閑이라 한다. 용신을 기준으로 용신을 생하는 오행을 희신이라고 한다. 용신을 극하는 오행을 기신, 기신을 생하는(또는 희신을 극하는) 오행을 구신이라고 한다. 이롭지도 해롭지도 않은 오행을 한신이라고 한다.

하지만 희·용·기·구·한은 용신을 중심으로 한 개념이라는 점에서 실제 사주 추명과는 어울리지 않는 경우가 많다. 그에 따라 희신·기신·구신·한신의 개념을 일간을 중심으로 사용해야 한다는 주장이 오히려 현실적이라고 할 수 있다. 특히 희신을 정할 때 일간 중심주의로 정해야 한다는 것이다. 희신을 용신을 생하는 오행이 아니라, 용신 다음으로 일간의 중화를 도울 수 있는 신으로 보는 것이다. 예를 들어 관성이 강한 신약 사주의 경우, 용신으로는 인성을 써야 할 것이다. 이 경우의 문제는 희신이다. 용신을 생하는 오행을 희신이라고 하면 희신은 관성이 된다. 하지만 아신(일간)을 극하는 관성이 이미 왕성한데, 또 관성을 희신으로 택하면 아신이 괴롭게 된다. 따라서 희신은 약한 일간을 돕는 오행(비겁)으로 해야 한다는 논리다.

억부용신

억부용신은 가장 많은 사람에게 적용된다. 사주에서 중시하는 중화가 이루어진 경우가 많지 않은 탓이다. 일간의 중화를 위해서는 일간이 강한 경우에는 기운을 억제해주는 용신, 약한 경우에는 일간의 기운을 북돋아주는 용신을 사용해야 하므로 억부용신의 사례가 당연히 가장 많은 것이다. 억부용신은 용신 취용법의 기본이다.

신강을 억제하는 방법으로는 두 가지가 있다. 관살로 일간을 극하는 방법과 식상으로 일간을 설기하는 방법이다. 다만 인성이 태과하여 신강한 경우에는 인성을 억제하기 위해 재성을 용신으로 정한다.

신약을 생조하는 방법도 두 가지가 있다. 인성으로 일간을 생하는 방법과 비겁으로 일간을 돕는 방법이다. 다만 관살이 태과하여 신약한 경우에는 제살을 위해 식상을 용신으로 정한다.

丙	丁	壬	辛
辰	酉	戌	亥

득령·득세한 신강 사주다. 일간 임수를 극하는 토 오행인 관살을 용신으로 택한다.

乙	己	丙	辛
卯	卯	寅	卯

득령·득지·득세한 신왕 사주로, 일간 병화를 설기하는 토 오행인 식상을 용신으로 택한다.

丙	庚	壬	戊
子	寅	午	午

신약 사주로, 일간 임수를 생하는 금 오행인 인성을 용신으로 택한다.

丙	丁	乙	辛
戌	酉	巳	巳

신약 사주로, 일간 을목을 돕는 목 오행인 비겁을 용신으로 택한다.

조후용신

조후는 기후를 조절하는 데 필요한 용신이다. 사주에서의 조후는 한 난조습寒暖燥濕을 조절한다는 뜻이다. 사주가 지나치게 한습 또는 난조 하면 사주의 주인공이 견디기 어렵다. 억부용신이 일간 중심으로 왕쇠 강약의 중화를 꾀하는 것이라면, 조후용신은 한난조습의 중화를 꾀하는 용신이다.

시각을 좁혀 일간 중심으로 보면, 여름에 태어난 사람의 사주에는 차 가운 수 오행을 용신으로 쓰고, 겨울에 태어난 사람의 사주에는 뜨거운 화 오행을 용신으로 쓴다.

시각을 넓혀 사주 전체로 보면, 팔자의 간지 오행을 모두 살펴 수 또는 화를 용신으로 택한다. 사주의 한난조습 균형을 살펴 조후용신을 택해야 한다는 이론이 보편적인 취용법이다. 다만 한난조습의 균형이 흐트러져도 오행이 모두 있는 오관사주에는 조후용신을 쓰지 않는다는 이론도 있다.

사주의 이론은 조후의 이론이라는 논리에 기초해 용신 취용법에서 조후용신을 가장 먼저 살펴보아야 한다는 이론도 있다.

庚	戊	甲	甲
辰	子	子	子

지지 3개가 수 오행으로 매우 차가운 사주다. 조후용신으로 화 오행을 써야 한다.

병약용신

병약용신은 사주에 병이 있거나 생기면 병을 고칠 약으로 사용하는 용신이다. 사주의 병은 사주의 오행이 편중되어 일간이 균형을 잃거나, 용신을 극하는 글자가 강왕한 경우를 말한다. 이를 바로잡을 약신이 병약용신이다.

병약용신은 용신운에만 발복한다.

병약용신은 사주의 병을 고쳐 중화를 꾀한다는 점에서 신약 사주를 생조해 중화를 꾀하는 억부용신과 개념의 차이는 있지만, 실제 용신으로는 다르지 않다는 논리에 따라 병약용신을 억부용신으로 통합해야 한다는 주장도 있다.

戊	辛	丙	戊
辰	酉	戌	子

병화 일간에 식상인 토 오행이 4개나 된다. 관성인 수 오행이 식상의 극을 심하게 당하는 것이 병이다. 식상을 억제하는 목 오행 인성이 약신인 병약용신이다. 억부용신으로 인성을 용신으로 쓴다.

통관용신

통관용신은 사주에서 세력이 막강한 2개의 오행이 서로 대치하고 있을 때 가운데에서 둘의 사이가 화해될 수 있도록 통하게 하는 용신이다. 대부분 오행이 3개인 삼상사주에서 사용된다.

통관용신은 억부용신, 조후용신을 고려한 후에 택해야 한다는 게 일반적인 이론이다.

丙	癸	壬	乙
子	巳	子	巳

일간 임수와 같은 수 오행이 4개, 재성인 화 오행이 3개로 수와 화가 강력히 맞서고 있다. 가운데 식상인 목 오행이 통관용신으로 둘 사이를 통하게 한다.

전왕용신

전왕용신은 사주의 기운이 거역할 수 없을 만큼 한쪽으로 치우쳐 그 기세에 순응하는 것을 용신으로 잡는 취용법이다. 격국의 전왕격·종격·화기격은 모두 이 원칙에 따른 용신을 쓴다.

전왕격은 사주의 기운이 일간과 같은 오행으로 쏠린 것으로, 왕한 오행을 전왕용신으로 쓴다. 곡직격·염상격·가색격·종혁격·윤하격 등이 있다.

종격은 사주의 기운이 한쪽으로 몰려 따를 수밖에 없는 오행을 전왕용신으로 쓴다. 종아격·종재격·종살격·종왕격·종강격·종세격 등이 있다.

화기격은 일간이 천간합으로 합화하는 오행으로 변하는 경우로, 합화한 오행을 전왕용신으로 쓴다. 화목격·화화격·화토격·화금격·화수격 등이 있다.

전왕용신의 성립 요건, 용신 취용법, 사례 등은 9장 격국론에서 자세히 살펴본다.

격국용신

격국용신은 일간을 중심으로 용신을 취용하는 방법과는 개념과 용도가 다르다. 인격이나 품격이란 말과 같이 격국은 사주의 그릇과 폭을 나타내는 것으로, 격국용신 역시 사주 주인공의 사회적 활동과 대인관계 등을 주도한다고 본다. 따라서 용신이 천간에 투출된 것을 좋아한다.

격국용신은 순역용신順逆用神으로 불리기도 하는데, 격국이 좋으면 순용하는 용신을 쓰고 격국이 나쁘면 역용하는 용신을 쓴다는 데서 비롯된 말이다. 좋은 격국은 재관인식財官印食 격으로 격을 상생시키는 육친을 용신으로 쓰는 게 순용이다. 나쁜 격국은 살상겁인殺傷劫刃 격으로 격을 극하는 육친을 용신으로 쓰는 게 역용이다.

격국용신에 대한 찬반 이론도 분분하다. 사주명리학의 생명은 격국론이라는 기치 아래 격국용신의 중요성을 강조하는 이론이 있는 반면, 격국론 자체가 고대의 이론이므로 무시해도 된다는 이론이 있다.

격국용신은 오늘날 참고로 활용되는 경우가 많은 것이 사실이다. 하지만 격국용신과 억부용신을 비롯한 일간 중심의 용신의 개념 차이가 분명한 만큼, 사주의 추명을 위해서는 격국용신도 살펴볼 필요가 있다.

격국과 격국용신에 대해서는 8장 격국론에서 살펴본다.

격국론 1(팔정격)

사람은 모두 사주팔자에 격국格局을 갖고 있다. 격국에는 성공·파괴·태과·불급의 차이가 있고, 이에 따라 사람은 빈천貧賤·고귀高貴의 차이가 있게 된다. 격국의 종류는 대단히 많지만, 크게는 팔정격八正格과 외격外格으로 나눈다.

격국론에서는 격국을 취하는 일을 추명에서 가장 중요하고 우선적인 것으로 정하고 있다. 격국을 취한 다음에 격국용신을 논하고 길흉화복을 논할 수 있다고 본다.

팔정격은 식신격·상관격·정재격·편재격·정관격·편관(칠살)격·정인격·편인격 등이다.

팔정격의 결정 법칙

첫째, 월지 지장간 본기가 천간에 투간되면 그것을 바로 격으로 취한다. 인월이 갑에 투간, 묘월이 을에 투간, 진월이 무에 투간, 사월이 병에 투간, 오월이 정에 투간, 미월이 기에 투간, 신월이 경에 투간, 유월이 신에 투간, 술월이 무에 투간, 해월이 임에 투간 등이다.

둘째, 월지 지장간 본기가 천간에 투간되지 않고 지장간 여기나 중기가 천간에 투간되면 그것을 격으로 취한다. 예를 들어 인월의 지장간 본기 갑이 투간되지 않고 무 또는 병이 투간되었다면 무 또는 병을 격으로 취한다. 만일 둘 중 하나만 투간되면 그것으로 격을 취하고, 둘 모두 투간되었다면 심사숙고하여 그중 유력한 하나를 택하여 격으로 취한다.

셋째, 월지 지장간이 천간에 투간되지 않았으면 월지 지장간의 경중을 비교하여 유력한 하나를 택하여 격으로 취한다. 하지만 월지를 격으로 취하는 게 일반적이다.

넷째, 비견·겁재는 격으로 취할 수 없다. 녹祿과 인끼은 팔정격 내의 격이 아닌 외격이다. 녹은 비견이 지지에 있을 경우이고, 인은 겁재가 지지에 있는 경우를 말한다.

팔정격의 용신

격국용신은 격국의 성패를 돕거나 구하고 태과를 조절하기 위해 취하는 용신이다. 격국용신은 좋은 격국과 나쁜 격국을 기준으로 용신을 취용하는 게 일반적이다.

순용

예로부터 사주의 격국론에서 좋은 격국은 재관인식財官印食 격이라고 했다. 재관인식은 재성·관성·인성·식신을 말한다. 재관인식 격은 모두 사주 주인공의 사회적 배경이 좋다는 뜻을 갖는다. 따라서 좋은 것을 돕는 상생의 육친을 용신으로 쓴다는 것이다. 이것이 순용이다.

고서인《자평진전子平眞詮》에서는 순용을 재성과 식신이 상생하는 것, 정관이 재성을 보호하는 것, 재성이 투출하여 정관을 생해주는 것, 인성이 정관을 보호하는 것, 인성이 일간을 생조해야 하는 경우 겁재가 있어 재성으로부터 인성을 보호하는 것, 신왕한 일간이 식신을 생하는데 식신이 재성을 생하여 식신이 보호되는 것 등이라고 설명했다.

역용

예로부터 사주의 격국론에서 나쁜 격국은 살상겁인殺傷劫刃 격이라고 했다. 살상겁인은 칠살·상관·겁재·양인陽刃을 말한다. 살상겁인 격은 모두 사주 주인공의 사회적 배경이 좋지 않다는 뜻을 갖는다. 따라서 나뻔 것을 극함으로써 흉을 길로 바꿀 수 있도록 하는 육친을 용신으로 쓴다는 것이다. 이것이 역용이다.

《자평진전》에서는 역용을 칠살을 식신으로 제압하는 것, 왕성한 상관을 인성이 제복하는 것, 양인이 관살을 제복하는 것, 월겁인데 정관이 투출하여 겁재를 제복하는 것 등으로 설명했다.

팔정격의 특성

사주의 추명은 많은 변수를 모두 고려해야 한다. 격국론자의 생각은 그렇지 않겠지만, 격국도 추명의 변수 중 하나로 보는 것이 일반적이다. 격국과 격국용신은 명주의 사회적 활동과 대인관계 등을 살펴보는 데 유용하다고 보면 될 것이다. 《백민명리학개론》을 참고해 살펴본다.

식신격
식신격의 일반적 성질
- 짜임새가 좋고 청淸한 식신격은 평생 의식주에 걱정하지 않아도 될 식복이 있는 명이다.
- 식신격은 연구에 몰두하는 경향이 있다.
- 식신격은 대체로 근심이 적은 명이다. 명주는 세상물정을 잘 모르는 순진성을 드러낸다.

- 성격成格되고 중화를 이루게 되면 심성이 넓고 후덕하며 베풀기를 좋아한다.
- 명국이 탁한 식신격은 매사 자기중심적인 성향을 보인다. 의지가 약해 짜증을 내기도 한다.

파격(破格)·태과(太過)·불급(不及)의 식신격 특성

- 식신격이 파격·편중·혼잡하게 되면 상관적 성향을 갖게 된다.
- 말 때문에 구설·시비의 화를 부르기 쉽다.
- 건명은 여자로 인한 관재·구설·시비 등이 따라다니며, 꿈만 커서 실속이 없다.
- 곤명은 자식 걱정으로 한세월을 보내기 쉬우며, 배우자 인연이 박하다.
- 직업적 성향이 일정하지 못하다. 재주는 많으나 한 가지를 제대로 이루기 어렵다.
- 인성이 많아 식신격이 극을 당하면, 계획은 무성하나 생각만 하다가 기회를 놓치게 된다.
- 비겁이 많아 식신격이 약하면, 자존심으로 분위기를 망치거나 동업 등의 피해를 보기 쉽다.
- 재성이 많아 식신격이 약하면, 지나친 욕심으로 파산하기 쉽다.

상관격

상관격의 일반적 성질

- 상관격은 말을 잘하는 특성이 있다. 다만 말을 함부로 하고 말속에 뼈를 담고 있어 남의 속을 뒤집는 경향이 있다. 상사도 경계하는 경우가 많다.

- 상관격이 중화를 이루면 기민하고 순발력 있게 행동한다. 감각적인 재능이 뛰어나다.

- 모방과 창조력도 우수하다. 상상력과 예술성이 뛰어나 응용력이 탁월하다.

- 비판적이거나 반골 기질, 제도에 대한 비판 의식이 강하다.

- 자신을 과신하고 남을 무시하거나 비꼬는 냉소형에 속한다.

- 매사 실수를 적게 하려는 완벽주의자가 많다. 식신격과 달리 살찌는 사람이 적다.

- 상관격은 사주에 도화살이 없어도 바람을 피우는 경우가 많다. 건명은 부하나 딸 같은 여자를 좋아한다. 곤명은 애교가 적은 편에 속하고 대체로 눈이 높지만, 파격적인 이성과 교제하거나 결혼하는 일이 있다.

파격 · 태과 · 불급의 상관격 특성

- 관재 · 구설 시비가 끊이지 않는다. 상대를 비판 · 비하하는 마음이 강하다.

- 위장·배신·모략에 능하다. 위법 행위를 밥 먹듯 한다. 배짱도 강하다.
- 자만심이 강해 남에게 복종하지 않고, 같이 일하다가 본인이 불리하면 안면을 바꾼다.
- 재주가 많아 직업의 변화가 많다. 지속성이 부족해 매사에 번복을 잘한다.
- 일확천금을 노려 투기 사업에 손을 대다가 패가망신할 수도 있다.
- 곤명은 배우자 덕이 없는 고독살孤獨殺이라 할 수 있다. 후처나 첩이 될 수도 있고, 평생 매 맞고 살 수도 있고, 첫 자식 이후 배우자와 이별할 수도 있다.
- 인성 태과로 상관격이 약해지면 실천력이 떨어진다. 우유부단으로 기회를 놓치기 쉽다. 판단을 잘못하여 사기를 당할 수도 있다. 곤명은 자식 생산에 문제가 생길 수 있다.
- 재성 태과로 상관격이 약해지면, 재주는 많으나 결실을 맺기 어렵다. 직업적 변화가 심하다. 매사에 빨리 싫증을 낸다. 건명은 한 직장, 한 여자에 만족하지 않는 일이 생긴다.

정재격

정재격의 일반적 성질

- 정재격은 자산과 복록이 함께하는 명이다. 경제관념이 뛰어나다. 월급이나 이자 수입 등 정기적인 소득으로 치부하는 경우가 많다.

부모덕이 있어 초년에 유복하게 자라는 경우가 많다.

- 정재격이 성격되고 중화를 이루면 성품이 착하다. 성실하고 근검 절약 정신이 강하다.

- 관리 능력이 뛰어나다. 명예와 신용을 중시한다. 정의와 공론公論 을 존중한다. 대체로 결혼 전보다 결혼 후에 성공하는 경우가 많 다. 처의 복덕이 크다.

- 정재격에 식상을 쓰게 되면, 계산적이며 경제에 뛰어난 감각으로 재산을 모으나 만족을 느끼기 어렵다. 지지에만 재성이 있으면 구 두쇠 소리를 듣는 부자가 많다.

- 정재격에 관성을 쓰게 되면, 금융·재무·행정 등의 관리 업무에 두각을 나타낸다.

- 정재격에 인성을 쓰게 되면, 사업에서 망하기 십상이다. 직장 생 활이 유익하다.

- 정재격에 비겁을 쓰게 되면, 재다신약財多身弱의 경우로 형제나 친 구의 도움이 크겠지만 동업 등은 오래 지속되기 어렵다.

파격·태과·불급의 정재격 특성

- 경제적 관념이 오히려 부족하다. 부모의 덕을 보기 어렵다. 억센 처를 만나기 쉽다.

- 건명은 안에서는 꼼짝 못해도 밖에서는 허풍을 떨며, 여자관계가 복잡하다. 곤명은 시어머니와 갈등이 심하고 남편의 기를 꺾는다.

252

- 정재격이 겁재나 양인 또는 충·형·해·파 등으로 파격되면 보통
  이하의 명이 된다.
- 정재격에 식상이 없으면 손 안 대고 코 풀려 하니, 게으르고 남에
  게 시키기 좋아하고 겉은 화려하나 실속이 없고 사치와 낭비를 심
  하게 한다.
- 비겁이 많아 파격되고 군겁쟁재群劫爭財가 되면 손재가 따른다.
- 정재격으로 재다신약에 편관이 같이 있으면 돈으로 인해 여러 가
  지 어려움이 일어난다. 또한 청년 시절에 색정으로 인한 재액을 당
  하기 쉽다.
- 정재가 태과한데 비겁의 억제가 없으면 사람은 건실하나 완고하
  고 우매하기 쉽다.
- 정재격이 힘이 없거나 정재가 불급이면 역경이나 곤경에 부딪히
  는 경우가 많다.

편재격

편재격의 일반적 성질

- 사업·투자와 같은 변화가 많은 방법으로 재산을 모으는 성향이다.
- 대체로 큰돈을 만질 수 있는 재복이 있다. 운의 흐름에 따라 기복
  이 있다.
- 돈을 모으는 데는 수단과 방법을 안 가리지만, 프로 정신이 강할
  뿐 악의는 없다. 돈을 쓸 때는 화끈하다. 특히 의롭다고 생각하는

일과 풍류를 즐기는 데는 거침없이 돈을 쓴다.

- 금전 관계나 거래는 깨끗한 경우가 많으며 담백하다.

- 재물에 대한 응용력이 뛰어나지만, 집착하지 않고 오히려 경시하는 경향도 나타난다.

- 매사 빈틈이 적고 요령 또한 좋아 문제 해결을 잘하는 편이다. 사교성도 좋다.

- 편재격이 성격되고 중화를 이루면 처세의 능력이 뛰어나다. 역마 성향을 갖고 있어 활동적이며 한곳에 머무르지 못하고 분주하다는 점에서 정재격과 다르다.

- 도움을 받는 것보다 베푸는 것을 좋아한다. 하지만 은근히 공치사를 바라는 경향이 있다.

- 편재격이 왕하면 타인을 판단하는 안목이 좋아서 어지간해서는 사기나 손해를 당하지 않는다.

파격 · 태과 · 불급의 편재격 특성

- 편재격과 정재격의 파격 · 태과 · 불급의 특성은 거의 비슷하다.

- 일의 시작에 비해 결과는 시원찮을 것이다. 배우자나 사람의 인연이 바뀌는 일이 많다.

- 직장보다 사업에 관심이 많으나 열심히 벌어 남 좋은 일 하기 쉬우며, 일확천금을 노리다 보니 성패의 부침이 심하다. 모험 · 투기 · 도박 · 주색 · 잡기 등으로 패가망신하기 쉽다.

- 재물을 모으고 지키는 데 갖가지 편법을 동원한다. 인색하고 비뚤어진 성향이 드러난다.
- 편재가 태과한데 관성과 인성이 없으면, 허황한 꿈만 꾸다 끝난다.
- 편재가 혼잡되고 태과하면, 게으르거나 떠돌아다닌다. 반면에 신왕하고 편재가 너무 약하면, 거지 근성이 있다.
- 재성이 태과한데 이를 억제하는 것이 없으면, 결단력이 부족하다.
- 편재가 간지에 왕하게 모여 있거나 모두 투출해 있으면, 성격이 곧고 의리를 앞세우지만 재물을 가볍게 생각하고 주색을 매우 즐긴다.

정관격

정관격의 일반적 성질

- 질서와 예의를 존중하고 명예를 따르며 체면을 중시하는 특성이 있다. 책임과 준법정신이 투철해 어지간해서는 법의 테두리를 벗어나지 않는다.
- 상당히 완고한 성격이며 원리 원칙을 강조하는 경향이 있다.
- 정직하고 성실하며 인품을 지닌 군자형이 많다.
- 일처리도 깔끔하고 품행이 단정하며 신용도 좋아서 주위로부터 신망을 얻는 경우가 많다.
- 대체로 실속보다는 명예를 따르는 면이 강하다. 이러한 특성은 건명과 곤명이 반대로 나타난다. 건명은 명예가 있어야 행복하고, 곤

명은 재물이 있어야 편안하다.

- 정관격이 성격되고 중화되어 신왕관왕身旺官旺하면 정의와 공론을 중시하게 된다. 모든 일은 정도로 대처하며, 변화보다는 안정을 추구하는 경향이 있다.

- 정관격에 인성을 쓰게 되면, 관인상생官印相生되어 청렴한 공직자의 명예를 얻을 수 있다.

- 정관격에 재성을 쓰게 되면, 재물을 통해 명예를 얻는 것으로 처덕이 크고 처세에 능할 것이다. 하지만 재물로 인한 시비나 처의 지나친 대외 활동으로 인한 화를 만날 수도 있다.

- 정관격에 비겁을 쓰게 되면 사업을 하면 패망하기 쉬우나, 직장을 지키면 명예를 얻게 된다.

- 정관격에 식상을 쓰게 되면, 비판적 시각으로 불평과 불만이 많다. 두뇌 회전이 빠르고 직언을 잘해 참모나 기획 등의 업무에서 능력을 발휘할 수 있다.

- 정관격에 관성을 쓰게 되면, 외골수적인 면이 강한 성향이다. 행동거지가 분명하고 권위적이며 대외적 명분을 중시하는 관료적 측면이 강하다.

파격 · 태과 · 불급의 정관격 특성

- 정관격이 파격이나 불균형이 되면, 대체로 융통성이 없어 실속도 없다.

256

- 대체로 상식 이하 수준의 인격을 드러내는 경우도 있다.

- 상사에게 아부하는 데 집중하는 경우가 있다. 재물과 처자에 신경을 쓰지 않는 경우가 많다.

- 직업관이 뚜렷하지 못하고 직업에 대한 변화도 심할 것이다. 궂은 일은 도맡아 하면서도 좋은 소리를 듣기 어렵다. 재물이 모이면 몸이 좋지 않아지기도 한다.

- 정관격에 정관이 태과 또는 편중되어 제화되지 않으면, 재액이 따르게 된다. 곤명은 관살혼잡으로 배우자 복이 없는 일이 많다. 건명은 자식을 두기 어렵고, 있어도 편치 않을 것이다.

- 식상이 많아 정관이 약해지면, 관재·송사·구설이 끊이지 않는다.

- 인성이 태과하여 정관이 약해지면, 판단 잘못으로 손재를 당하는 일이 있다.

편관격(칠살격)

편관격의 일반적 성질

- 편관격이 성격되고 중화되면 관료적 성향의 정관격과 달리 지도자 성향이 강하다. 위압적이고 직선적이다. 불의를 보면 참지 못하는 성질이 있다.

- 대체로 조급하고 타협에 익숙하지 않다. 자신의 강함을 믿고 타인을 무시하는 경향이 있다.

- 칠살의 제화가 잘되어 있으면, 참을성도 있고 임무 완성의 투지를

보이는 경우가 많다. 법관·군인·경찰 등의 직업이 적당하다.

- 신왕의 편관격은 재주도 많고, 매사 반드시 이기려 하는 속성이 있다. 전투를 좋아하고 권모술수가 능하므로, 목적 달성을 위해서는 남을 이용하려 한다.

- 편관격에서 재성은 양면성을 띤다. 신강살약身强殺弱이면 재성은 영약이 되어 좋지만, 신약살강身弱殺强이면 재성은 독약이 되어 빈한하거나 요절하는 경우가 있다.

- 편관격에 재성을 쓰면 한 번은 실패를 맛보게 되나 종래엔 뜻을 이루게 될 것이다.

- 편관격에 관성을 쓰면 성급하고 치우치는 성향이 있지만, 매사 결단력이 있고 목표 달성에 매진하여 성공하는 일이 많다.

파격 · 태과 · 불급의 편관격 특성

- 편관이 태과한데 억제하는 것이 없으면 허풍이 센 경우가 많다. 인내심도 부족해 일의 결과를 내기 어려울 것이다. 열심히 일해도 공로는 다른 데로 가고, 배신당하기도 한다.

- 신쇠의 편관격은 겁이 많고 자신감이 없는 경우가 많다. 열등감으로 자학하기도 한다.

- 건강도 좋지 못한 경우가 많다. 수명도 짧은 경우가 많다. 신이 잘 든다고도 한다.

- 곤명은 배우자 복이 없는 경우가 많다. 해로하기 어려울 것이다.

258

첩으로 사는 경우도 있다.

- 식상이 많아 편관이 약해지면, 관재·송사·구설이 끊이지 않는다.
- 인성이 많아 편관이 약해지면, 잘못된 판단으로 손재를 보게 될 것이다.

정인격

정인격의 일반적 성질

- 정인격은 학문을 즐기는 전형적인 선비형이라 할 수 있다. 격이 잘 이뤄지면 평생 재난 없이 건강하고 장수하는 경우가 많다. 지나치게 깔끔하고 고집이 센 것이 흠으로 지적된다.
- 사물을 수용하는 힘이 좋고 호기심도 왕성하여 탐구에 대한 욕심이 많으며, 많이 아는 것을 좋아한다. 또한 구체적이고 체계적인 면을 많이 따르며, 현실 감각이 좋다고 할 수 있다.
- 정인격이 성격되고 중화를 이루면, 가정교육을 잘 받고 부모의 덕이 있는 경우가 많다.
- 건명은 배우자와 사이가 좋지 않은 경우가 있다. 정인격에는 재성이 기신이 되기 쉽기 때문이다. 또한 재물을 탐하면 탐재괴인貪財壞印의 나쁜 결과를 보는 경우가 많다.
- 곤명은 현모양처 성향이 나타난다. 음식 솜씨도 좋다.
- 정인격에 재성을 쓰면, 인성의 목적이 재물이 되어 공부는 재물의 수단에 그치게 된다.

- 정인격에 관성을 쓰면, 매사에 치밀하고 목적의식이 뚜렷하여 결과를 얻을 때까지 멈추지 않게 된다. 명예를 중시하고 관직에 인연이 많다.

파격·태과·불급의 정인격 특성

- 정인격에 인성이 태과하여 편중되면 모왕자쇠母旺子衰 또는 모자멸자母慈滅子가 되기 쉬우니, 자기 본위적이고 의타심이 강하며 생각과 번민만 무성할 뿐 실천이 없다.
- 인내심과 지구력이 약하여 유시무종有始無終이 되기 쉽다. 신앙에 몰두하는 성향도 있다.
- 부모를 떠나 자립하기 어려우며 결단력이 부족하여 기회를 잃기 쉽다.
- 문서와 관련된 일이 잘 풀리지 않을 수 있다.
- 곤명은 출산에 문제가 생기며, 일을 미루는 경향이 많다. 남편의 능력을 의심하고 남편의 출세에 악영향을 미치는 일이 있다.
- 정인격에 정인이 형·충·극·파되면 선비의 명으로 구차하게 재물 걱정을 하는 생활을 할 수 있다. 잔꾀나 술수에 의존하거나, 심지어 노동으로 생계를 이어가야 하는 경우도 생긴다.

편인격

편인격의 일반적 성질

- 편인격은 선천적으로 두뇌가 우수한 경우가 많다. 다만 표출 방식이 결여된 편이라 잠재된 능력이 더 클 수 있다. 호기심이 대단해 연구력과 이해력이 뛰어나다고 할 수 있다.
- 편인격이 성격되고 중화를 이루면, 임기응변이 강하고 기회를 포착하는 능력이 뛰어나다고 본다. 다른 사람을 의식하지 않고 자신의 만족을 위해 노력하는 형이다.
- 대체로 꾀나 요령을 잘 부리며 게으른 사람이 많다. 매사 용두사미가 되는 경우가 많다.
- 편인격은 종잡을 수 없는 면이 많다. 게으르기도, 조급하기도 하다. 예의 바르기도, 무례하기도 하다. 선한 면과 악한 면을 같이 드러낸다. 직업도 겸업을 많이 하는 일이 많다.
- 편인격에 양인·겁재가 겹쳐 있으면, 겉과 달리 각박하고 냉혹한 사람이 많다.
- 편인격은 신비주의·철학적 사색·형이상학적 문제에 관심이 많은 편이다.

파격 · 태과 · 불급의 편인격 특성

- 편인격과 정인격의 파격·태과·불급의 특성은 거의 비슷하다.
- 편인이 태과한데 재성이 제화하지 못해 파격되고 관성이 약해지

면, 상사나 타인의 덕이 적게 된다. 직장 근무 기간이 짧으며, 오래 다니려고 해도 회사가 부실해지는 경우가 많다. 자영업 또한 한 가지 일에 오래 종사하지 못하는 경우가 많다.

- 곤명은 가장의 책무를 타고났다고 할 수 있다. 남편 대신 생업에 종사하며, 평생 시댁에 봉사해야 하는 경우가 많다. 출산에 문제가 생기거나 출생한 자식의 안위를 걱정할 수도 있다.
- 편인격에 편인이 왕하거나 정인과 혼잡되면, 인색한 경우가 많다.
- 편인격에 편인이 중첩하면, 음식을 매우 탐하는 경우가 많다. 대식가이고 음식으로 인한 질병이 있을 수 있으며, 체격이나 용모가 볼품없는 경우가 많다.
- 편인이 불급하면 시키는 일은 할 수 있으나, 자신이 원하는 일은 하기 어렵다. 특히 재성의 충극을 받으면, 수시로 마음이 변해 진로와 전공이 바뀌는 경우가 많다.
- 편인격에 관살이 겹쳐 있으면, 평생 성패가 오락가락하는 경향이 있다.

격국론 2(외격)

사주의 격은 80% 이상이 팔정격에 속한다. 팔정격에 속하지 않는 격이 외격이다. 외격에 속하는 격국의 종류와 명칭은 대단히 번잡하다. 검증할 수 있는 외격으로는 크게 전왕격專旺格·종격從格·화기격化氣格·건록격建祿格·양인격陽刃格 등으로 나눌 수 있다.

전왕격은 일간과 같은 오행이 일간 오행을 포함하여 7개 이상이거나 일간과 같은 오행의 지지 삼합국·방합국이 이뤄졌을 경우다. 곡직격曲直格·염상격炎上格·가색격稼穡格·종혁격從革格·윤하격潤下格으로 나뉜다. 용신은 왕한 오행이다. 하지만 전왕격의 형태에 극하는 오행이 있으면 파격이 된다. 전왕격이 파격되면 극하는 오행을 용신으로 한다.

종격은 일간과 다른 오행이 7개 이상이 되거나 일간과 다른 오행의 지지 삼합국·방합국으로 일간이 감당할 수 없는 경우다. 종아격·종재격·종살격·종강격·종왕격·종세격 등이 있다. 강한 세력을 따를 수밖에 없는 격국이다.

화기격은 일간이 천간합으로 합화하여 오행으로 변하는 경우다. 월지
가 합화하는 오행이고, 합화하는 오행을 극하는 오행이 없어야 화기격
이 이뤄질 수 있다.

예시된 명조는 참고 서적 및 간명 자료에서 택한 것이다.

전왕격

곡직격

곡직격의 구성

갑·을 일간이 인·묘월에 생하고, 지지가 인·묘·진 목국 동방합국
이거나 해·묘·미 목국 삼합국이면 곡직격이다. 다만 목을 극하는
금(경·신, 신·유)이 없어야 한다.

壬	癸	甲	甲
寅	卯	辰	子

일간 갑목이 묘월생이다. 지지는 인·묘·진 목국 동방합국이다. 일
간 갑목은 인성과 비겁의 도움을 받는다. 갑목을 극하는 경·신, 신·
유가 없다. 곡직격이다.

곡직격의 용신

곡직격은 목의 기운이 빼어나다. 일간의 목이 바로 용신이 된다. 목을 생하는 수는 희신이다. 목의 기운을 설하는 화도 괜찮다. 재성이 되는 토는 화가 있으면 무방하다. 목을 극하는 금은 기신이다.

곡직격의 성질

곡직은 지곡간직枝曲幹直의 줄임말이다. 곡직은 나무가 생기 넘치게 생장하고 변화하는 모습으로, 목의 대명사다. 따라서 목의 성향이 매우 왕성한 것이 곡직격의 성질이다.

대체로 인자하고 중후한 성향이 있다. 다만 앞만 보고 달려 주위를 돌아보지 않는 약점이 있다. 교육 관련 분야에 진출하면 두각을 나타낼 가능성이 높다.

염상격

염상격의 구성

병·정 일간이 사·오월에 생하고, 지지가 사·오·미 화국 남방합국이거나 인·오·술 화국 삼합국이면 염상격이다. 다만 화를 극하는 수(임·계, 해·자)가 없어야 한다.

丁	乙	丙	丙
未	巳	戌	午

일간 병화가 사월생이다. 지지는 사·오·미 화국 남방합국이다. 일간 병화는 인성과 비겁의 도움을 받는다. 병화를 극하는 임·계, 해·자가 없다. 염상격이다.

염상격의 용신

염상격은 화의 기운이 빼어나다. 일간의 화가 바로 용신이 된다. 화를 생하는 목은 희신이다. 화의 기운을 설하는 토도 괜찮다. 재성이 되는 금은 토가 있으면 무방하다. 화를 극하는 수는 기신이다.

염상격의 성질

염상은 불이 불꽃을 튀기며 타오르는 것으로, 열기·활력 등 화의 성질을 대표한다. 음기와 습한 기운을 없애는 힘이 있다. 구시대의 유물을 새롭게 재생하는 능력도 있다.

화는 인의예지신 중 예의 성질로, 염상격의 사람은 사양심辭讓心·공경심·충성심을 갖고 있다. 용기와 지혜도 있다. 창조력도 있다. 세운에서 도움을 받는다면 염상격과 관련 있는 분야에서 크게 성공할 가능성이 높다.

가색격

가색격의 구성

무·기 일간이 진·술·축·미월에 생하고, 지지가 진·술·축·미 또는 모두 토이면 가색격이다. 다만 토를 극하는 목(갑·을, 인·묘)이 없어야 한다.

戊 戌	己 未	戊 辰	癸 丑

일간 무토가 미월생이다. 지지는 진·술·축·미로 토 일기—氣다. 일간 무토는 비겁의 도움을 받는다. 토를 극하는 갑·을, 인·묘가 없다. 가색격이다.

가색격의 용신

가색격은 토의 기운이 빼어나다. 일간의 토가 바로 용신이 된다. 토를 생하는 화는 희신이다. 토의 기운을 설하는 금도 괜찮다. 재성이 되는 수는 금이 있으면 무방하다. 토를 극하는 목은 기신이다.

가색격의 성질

가색은 농사의 총칭으로, 봄에 밭 갈고 씨 뿌리는 일이 가稼이고, 가을에 수확하는 게 색穡이다. 가색격은 사주의 기운이 토로 뭉쳤으므로, 만물을 기르는 데 타의 추종을 불허한다. 가색격의 사람은 대개 성실·원만·중후·공손한 성질을 갖는다. 말과 행동이 바르다. 사업가는 돈을 버는 능력이 뛰어나다. 공무에 나선 사람은 지위와 권력이 높아질 것이다. 부동산 분야에 투자하면 좋을 것이다. 종교가로도 명성을 얻을 수 있다.

종혁격

종혁격의 구성

경·신 일간이 신·유월에 생하고, 지지가 신·유·술 금국 서방합국이거나 사·유·축 금국 삼합국이면 종혁격이다. 다만 금을 극하는 화(병·정, 사·오)가 없어야 한다.

戊	辛	庚	乙
申	酉	戌	酉

일간 경금이 유월생이다. 지지는 신·유·술 금국 서방합국이다. 일간 경금은 인성과 비겁의 도움을 받는다. 금을 극하는 병·정, 사·오가 없다. 종혁격이다.

종혁격의 용신

종혁격은 금의 기운이 빼어나다. 일간의 금이 바로 용신이 된다. 금을 생하는 토는 희신이다. 금의 기운을 설하는 수도 괜찮다. 재성이 되는 목은 수가 있으면 무방하다. 금을 극하는 화는 기신이다.

종혁격의 성질

종혁의 종從은 순종·허락 등을 뜻하고, 혁革은 변혁을 뜻한다. 종혁은 사람의 뜻과 희망에 따라 그 형상이 바뀐다는 것이다. 원래 종혁은 동물의 외피를 가죽으로 만드는 과정으로 변화의 과정을 가리킨다. 이는 금속의 용광로 제련과 유사하다.

종혁은 금의 기운이 뭉친 것으로 금의 숙살·수렴의 성질을 대표한다. 또한 금은 강하지만 사람의 의지에 따라 유연한 것으로 바뀌는 성질도 있다. 금은 종이나 제기로 제작될 수 있지만, 칼과 창으로도 제작될 수 있는 것이다.

종혁격의 사람은 금의 성분인 쇠를 사용하는 직업이 좋다. 검찰·경찰·군인 등이 어울린다.

금은 인의예지신 중 신의 성질로, 종혁격의 사람은 의리를 중시한다.

윤하격

윤하격의 구성

임·계 일간이 해·자월에 생하고, 지지가 해·자·축 수국 북방합국이거나 신·자·진 수국 삼합국이면 윤하격이다. 다만 수를 극하는 토(무·기, 진·술·축·미)가 없어야 한다.

壬	壬	壬	庚
申	子	辰	子

일간 임수가 자월생이다. 지지는 신·자·진 수국 삼합국이다. 일간 임수는 인성과 비겁의 도움을 받는다. 수를 극하는 무·기, 진·술·

축·미가 없다. 윤하격이다.

윤하격의 용신

윤하격은 수의 기운이 빼어나다. 일간의 수가 바로 용신이 된다. 수를 생하는 금은 희신이다. 수의 기운을 설하는 목도 괜찮다. 재성이 되는 화는 목이 있으면 무방하다. 수를 극하는 토는 기신이다.

윤하격의 성질

윤하는 생장 자양분 공급, 낮은 곳으로의 유동성 등 수의 성질을 대표한다. 유순한 성격을 갖는다.

수는 인의예지신 중 지의 성질로, 윤하격의 사람은 지혜롭고 영리하다. 물과 관련된 직업이나 대민 봉사직이 어울린다. 수산업이나 관련 무역업 등의 사업에서 성공할 수 있다.

수는 또한 재물을 뜻하기도 한다. 윤하격의 사람은 대부대귀大富大貴의 경우가 많다. 작은 부자가 되더라도 명예는 있을 것이다.

종격

종아격

종아격의 구성

일간이 쇠약(종아는 신강약을 논하지 않는다-적천수)하고 인성이 없는 데 식상이 왕성하거나 천간합·지지 삼합국 등에 따라 일간이 설기를 감당할 수 없으면 식상에 종할 수밖에 없다. 식상이 나의 소생이므로 종아격이라 한다.

丁	壬	癸	丙
卯	寅	卯	辰

일간 계수가 인월생이다. 인목은 목의 기운이 왕성한 상관이다. 게다가 지지는 인·묘·진 목국 동방합국에 목 일색이다. 일간을 도와주는 임수가 있지만, 임수는 정화와 합해 목으로 화할 생각을 갖고 있다. 일간 계수는 왕성한 목의 성질을 감당할 수 없다. 일간 계수는 식상에 종할 수밖에 없다. 종아격이다.

종아격의 용신

종아격은 일간이 식상의 빼어난 기운에 따르는 것이다. 식상을 용신으로 한다. 용신의 기운을 설기하는 재성이 희신이다. 종아격에서 만나는 재성은 빼어난 기운을 유통시키고 재성 생육의 계기가 되므로 아우생아兒又生兒라고 부른다. 용신인 식상을 도와주는 비겁도 두려워하지 않는다. 관살은 일간인 나를 극하기 때문에 관살을 만나는 것은 해가 될 뿐이다. 관살은 용신인 식상과도 어울릴 수 없다, 인수는 식상을 극하기 때문에 기신이다.

종아격의 성질

희신이 많고 희신이 위아래나 좌우로 상생하기 쉽기 때문에 좋은 일이 생길 가능성이 매우 높다. 좋은 운을 만나면 종아격의 사람은 큰 재물을 얻거나 명예를 얻을 수 있다. 단시간에 놀라운 성공과 성취를 할 수 있다.

하지만 명조의 구성이 좋지 않을 경우, 식상이 지나치게 많은 까닭에 식신과 상관의 성향이 부정적으로 나타난다. 자기주장을 고집한다. 말이 많거나 말이 행동보다 앞선다. 따라서 사기꾼 소리를 들을 수도 있다.

종재격

종재격의 구성

일간이 쇠약하고 재성에 해당하는 월의 지장간이 천간에 투간·투출되면, 팔정격의 이치로는 정편재격이다. 하지만 지지가 모두 재성이거나 방합국·삼합국으로 재국이 이루어지고, 또한 천간이 재성이거나 재성을 돕는 식상이면 종재격이 된다. 일간은 인성·비겁 등의 도움을 받지 못하는데다 온통 재성에 둘러싸여, 어쩔 수 없이 재성에 종할 수밖에 없다.

庚	乙	丙	己
戌	酉	申	丑

일간 병화가 유월생이다. 유금은 정재다. 지지는 신·유·술 방합국으로 모두 재성이다. 천간의 을목은 을·경 합금이 되어 재성으로 변하고 기토는 재성을 돕는 식신이다. 일간 병화는 생기가 한 점도 없어 재성을 감당하기 어렵다. 일간은 재성에 종할 수밖에 없다. 종재격이다.

종재격의 용신

종재격은 약한 일간이 재성의 빼어난 기운을 감당하지 못하는 것이다. 바로 재성이 용신이 된다. 재성을 생하는 식상이 희신이 된다. 관성은 무방하다. 일간을 돕는 인성과 재성을 극하는 비겁이 기신이다.

종재격의 성질

종재격은 재성이 지나치게 많으므로 재다신약 사주에 해당한다. 재다신약은 호기심이 강한 특성이 있다. 사주 구성에 따라 호기심이 긍정적이거나 부정적으로 나타난다. 긍정적인 경우 연구·탐구 분야에서 발전할 수 있다. 부정적인 경우는 도박·경마 등의 투기 분야에 손을 대서 어려운 지경에 처하기도 한다.

종재격의 사람은 생각이 자유롭다고 할 수 있다. 구속력이 있는 직장보다는 자유업을 택하는 게 좋다.

종살격

종살격의 구성

일간이 쇠약하고 칠살이 왕하거나 많지만 일간을 생해주는 인성이 없으면, 일간은 어쩔 수 없이 칠살에 종할 수밖에 없다.

戊 戊	辛 酉	乙 酉	乙 酉

일간 을목이 유월생이다. 유금은 칠살이다. 천간 지지에 칠살이 4개나 되며 칠살을 돕는 재성이 2개다. 일간 을목은 칠살을 대적하기 힘들다. 일간 을목은 칠살에 종할 수밖에 없다. 종살격이다.

종살격의 용신

종살격은 약한 일간이 칠살의 왕성한 세력을 감당하지 못하는 것이다. 바로 칠살이 용신이 된다. 팔격의 칠살 용신과는 다르다. 칠살을 생하는 재성이 희신이 된다. 칠살을 설하고 일간을 생하는 인성이 기신이다. 칠살에 대항하는 비겁도 좋지 않다.

종살격의 성질

종격의 기본적 성질이 그렇듯 종살격도 사주에 희신이 많고 희신이 위아래나 좌우로 상생하기 쉽기 때문에, 좋은 일이 생길 가능성이 매우 높다. 좋은 운을 만나면 큰 재물을 얻거나 명예를 얻을 수 있다. 단시간에 놀라운 성공과 성취를 할 수 있다.

하지만 종살격은 지배 심리를 가진 격국으로 가정생활이 원만하게 유지되지 않을 수 있다. 심한 경우 배우자를 폭행하는 일도 생긴다. 종살격은 들어오는 돈도 많지만 새는 돈은 더 많다.

종강격

종강격의 구성

사주에 인성이 많은데 비겁 역시 많고 재성·관살이 없으면, 일간은 인성과 같은 마음이 된다. 일간은 순리에 따라 인성의 생을 순순히 받아들이므로 종강격이라고 한다.

壬	癸	甲	甲
子	卯	子	子

일간 갑목이 묘월생으로 기세가 좋다. 사주에 일간과 같은 성질인 비겁은 2개, 일간을 생하는 인성이 무려 5개로, 인성의 기세는 극왕이다. 재성·관성은 보이지도 않는다. 일간은 인성의 힘에 종할 수밖에 없다. 종강격이다.

종강격의 용신

종강격은 인성을 용신으로 쓴다. 인성과 비겁을 용신으로 병용할 수 있다. 식상은 인성의 충을 당하므로 흉하다. 재성과 관성도 용신을 극하므로 역시 흉하다.

종강격의 성질

인성이 지나치게 많은 데 따른 특징을 보아야 한다. 일반적으로 인성 과다의 사람은 있는 것을 잘 포장하고, 과장이 심한 경우가 많다. 말과 행동이 잘 어울리지 않는다고 해야 할 것이다. 또한 인성이 과다하면 마마보이·마마걸의 특성을 보인다. 모친의 과잉보호에 익숙해 독립성이 부족하므로 사업은 좋지 않다고 본다.
물론 좋은 운을 만나면 종격의 기본적 특성을 살릴 수 있다.

종왕격

종왕격의 구성

사주가 거의 비겁으로 이뤄지고 관살은 없는데 인성의 도움이 있으면 일간의 기운이 왕성하다. 일간은 왕성한 기운에 종할 수밖에 없다. 종왕격이라 한다.

癸	乙	甲	乙
卯	卯	寅	亥

일간 갑목이 묘월생으로 기세가 좋다. 사주에 일간과 같은 성질인 비겁이 5개, 일간을 생하는 인성이 2개로, 일간의 기세가 극왕이다. 취해볼 재성·관성·식상도 없다. 일간은 오로지 비겁인 목의 왕세에 종할 수밖에 없다. 종왕격이다.

종왕격의 용신

종왕격은 비겁을 용신으로 쓴다. 비겁을 생하는 인성이 희신이다. 용신 비겁을 극하는 관살을 만나면 흉하고 화가 따른다. 재성을 만나면 군겁상쟁으로 시끄럽게 된다. 만일 인성이 경하면 식상을 만나는 것도 무방하다.

종왕격의 성질

비겁이 지나치게 많은 데 따른 특성을 보아야 한다. 비겁과다의 일반적인 특징은 독선적인 성격이 강하다는 것이다. 고집이 세고, 타협하지 않으며, 힘으로 밀어붙이려는 성향이 있다.
곤명은 배우자를 절대 이해하지 않는 경우가 많다.
물론 좋은 운을 만나면 종격의 기본적 특성을 살릴 수 있다.

종세격

종세격의 구성

사주가 인성과 비겁이 없고, 일간이 뿌리가 없어 홀로 살기 어려운 형편이다. 일간이 통근을 해도 죽거나 다쳐 무력할 경우도 마찬가지다. 대개 재성·관성·식상의 강약 구분이 어려워 한쪽을 따르기보다는 대세에 따라야 한다. 종세격이라 한다.

辛	戊	甲	庚
巳	戌	戌	辰

사주에 인성과 비겁이 없다. 일간의 뿌리가 있는 진토가 충으로, 뿌리가 없어진 형태다. 일간은 대세인 재성을 따르는 수밖에 없다. 종세격이다.

종세격의 용신

종세격은 식상·재성·관성 중 왕한 것을 용신으로 한다. 세 가지의 강약을 구분하기 어려우면, 재성을 용신으로 쓴다. 희신은 관성·식상의 순서로 쓴다.

종세격의 성질

종세격은 다른 종격과는 성격이 달라서, 하나의 10신에 종하는 것이 아닌 형태다. 식상·재성·관성의 세력이 비슷해 운로에서 만나는 신을 따르고 싶은 성향이 있는 것이다. 성질에도 이런 면이 그대로 나타나게 된다. 나를 버렸으므로 우유부단한 면이 드러난다. 직업 변동도 잦을 것이다. 삶의 변화도 다양하다.

278

화기격

화기격의 구성

(갑기합) **화토격**

일간 갑목이 월간이나 시간에서 기토를 만나거나 일간 기토가 월간
이나 시간에서 갑목을 만나면 갑기 합토가 이뤄지는데, 진·술·축·
미월에 생하고 토를 극하는 다른 목이 없으면 화토격化土格이다.

戊	壬	甲	己
辰	戌	辰	巳

 일간 갑목이 술월생이다. 토가 왕하다. 일간 갑목은 시간 기토와 합
해 토로 화해 득령했다. 토를 극하거나 파하는 다른 목이 없다. 격국
이 순수하다. 화토격이다.

(을경합) **화금격**

일간 을목이 월간이나 시간에서 경금을 만나거나 일간 경금이 월간
이나 시간에서 을목을 만나면 을경 합금이 이뤄지는데, 사·유·축·
신월에 생하고 금을 극하는 화가 없으면 화금격化金格이다.

甲	癸	乙	庚
申	酉	丑	辰

일간 을목이 유월생이다. 일간 을목은 시간 경금과 합해 금으로 화해 득령했다. 금을 극하거나 파하는 화가 없어 격국이 순수하다. 화금격이다.

(병신합) **화수격**

일간 병화가 월간이나 시간에서 신금을 만나거나 일간 신금이 월간이나 시간에서 병화를 만나면 병신 합수가 이뤄지는데, 신·자·진·해월에 생하고 수를 극하는 토가 없으면 화수격化水格이다.

甲	丙	辛	壬
辰	子	丑	辰

일간 신금이 자월생이다. 일간 신금은 월간 병화와 합해 수로 화해 득령했다. 지지의 축과 진은 습토로 수의 성질이라 수를 극하는 토가 아니다. 화수격이다.

(정임합) **화목격**

일간 정화가 월간이나 시간에서 임수를 만나거나 일간 임수가 월간이나 시간에서 정화를 만나면 정임 합목이 이뤄지는데, 해·묘·미·인월에 생하고 금이 없으면 화목격化木格이다.

己	丁	壬	癸
卯	卯	午	卯

일간 임수가 목의 기운이 강한 묘월생이다. 일간 정임은 월간 정화와 합해 목으로 화해 득령했다. 지지는 목의 기운이 강하다. 목을 극하는 금이 없어 격국이 순수하다. 화목격이다.

(무계합) **화화격**

일간 무토가 월간이나 시간에서 계수를 만나거나 일간 계수가 월간이나 시간에서 무토를 만나면 무계 합화가 이뤄지는데, 인·오·술·사월에 생하고 다른 수가 없으면 화화격化火格이다.

丙	戊	癸	甲
戌	戌	巳	寅

일간 계수가 술월생이다. 일간 계수는 월간 무토와 합해 화로 화해 득령했다. 병화·사화가 있고 갑목·인목이 화를 도와서 화의 기운이 강하다. 화를 극하는 다른 수가 없다. 화화격이다.

화기격의 파격
극으로 인한 파격

庚	戊	辛	丙
辰	子	未	申

일간 신금이 자월생이다. 일간 신금은 병화와 합해 수로 화했다. 지지는 신·자·진 수국 삼합국이다. 화수격의 조건에 맞는다. 하지만

천간 무토와 지지 미토가 수를 극한다. 화수격이 파격된다.

투합으로 인한 파격

甲	丁	壬	丁
戌	卯	寅	未

일간 임수가 묘월생이다. 일간 임수는 양쪽 정화와 합해 목으로 화한다. 천간·지지에서 목의 기운이 강하고 목을 극하는 금이 없어 화목격이 된다. 하지만 월간 및 시간의 정화는 일간 임수를 놓고 투합한다. 합의 힘이 나누어지며 격국이 파격된다.

합으로 인한 파격

壬	丁	甲	己
辰	未	子	巳

일간 갑목이 미월생이다. 일간 갑목은 시간 기토와 합해 토로 화한다. 지지에 진토·미토가 있고 토를 극하는 목이 없어 화토격의 조건에 맞는다. 하지만 연간 임수와 월간 정화가 합해 목이 되며 토를 극한다. 합이 합을 파함으로써 화토격은 파격된다.

화기격의 파격과 성격

극으로 인한 파격과 성격

辛	丙	乙	庚
酉	申	丑	辰

일간 을목이 신월생이다. 일간 을목은 시간 경금과 합해 금으로 화한다. 천간 신금과 지지 신금이 있으나, 금을 극하는 병화가 있어 화금격이 파격된다. 하지만 천간 신금이 병화와 합해 수로 화함으로써 화금격은 극을 피해 성격된다.

파격시키는 천간을 합화함으로써 성격이 된 예이지만, 파격시키는 천간을 극하거나 설기함으로써 성격되는 경우도 있다.

투합으로 인한 파격과 성격

壬	丁	壬	丁
寅	未	子	未

일간 임수가 미월생이다. 일간 임수는 양쪽 정화와 합해 목으로 화한다. 지지에 미토가 있고 목을 극하는 금이 없어 화목격이 되지만, 임수를 놓고 정화가 투합하므로 파격된다. 하지만 연간의 임수가 월간 정화와 합해 목이 됨으로써 화목격은 성격된다.

투합으로 파격시키는 천간을 합화함으로써 성격이 된 예이지만, 파격시키는 월간을 극하거나 설기함으로써 성격되는 경우도 있다.

화기격의 용신

화기격은 격을 생조하는 인성과 비겁을 용신으로 쓴다. 격이 태강할 경우에는 설기하는 식상을 쓴다. 화기격이 파격되었다가 성격이 되면, 성격이 되게 하는 성분을 용신으로 쓴다. 하지만 용신을 찾기 어려운 경우에는 희기를 살펴 용신을 택한다.

화기격의 성질

합화한 2개의 천간 중 하나라도 운에서 인성이나 칠살을 만나서 합이 풀리며 원래 오행 작용으로 환원하면, 형벌·부도·파산·부상 등의 재앙이 일어난다.

화신化神이 극을 받는 운에서는 관재수·부도·파산·실직·손재수·색정 등으로 인한 망신수가 일어난다.

화신이 약한데 이를 돕는 운에서는 귀인을 만나거나 행운이 찾아오는 등 길운이 된다.

화신이 너무 강할 때에는 설하는 운에서 대길하게 된다.

건록격과 양인격

월지는 명국의 핵심이다. 일간의 강약도 월지에 의해 좌우된다. 격국도 월지를 통해 결정된다. 하지만 격국의 팔정격에서는 월지가 비겁이 되는 경우는 제외한다. 일간과 월지가 같은 성질이기 때문이다. 월지가 일간의 비겁이 되면 팔정격의 논리로는 비견격·겁재격이라 해야 할 것이다. 하지만 격국에서는 월지가 비겁이면 외격으로 건록격·양인격이라 한다.

건록격

건록격의 구성

월지가 일간의 녹祿이 되는 것이 건록격이다. 녹은 지지가 비견인 것을 말한다. 천간에 투출된 비견은 녹이라 하지 않는다. 갑일 인월, 을일 묘월, 병·술일 사월, 정·기일 오월, 경일 신월, 신일 유월, 임일 해월, 계일 자월은 모두 건록격建祿格이다.

참고로 연지가 비견이면 세록歲祿, 일지가 비견이면 전록專祿, 시지가 비견이면 귀록歸祿이라 한다.

건록격의 성질

건록격은 일간이 월지 지장간의 본기와 같은 오행이란 점에서 일간의 역량이 매우 왕해지는 격국이다. 생기가 충만한 일간의 성격은 당연히 독립적이고 자주적인 특징이 있다. 주체적으로 사업을 하는 게 좋을 것이다. 독자성을 유지하는 합작 사업도 가능할 것이다. 독립할 여건이 안 되어 기업에서 일하더라도 혼자 책임지고 하는 업무가 어울릴 것이다.

양인격

양인격의 구성

월지가 일간의 인끼이 되는 것 중 양일간의 인을 양인격이라고 한다. 인은 지지가 겁재인 것을 말한다. 갑일 묘월, 경일 유월, 임일 자월 등 양일간(강한 일간)이 월지 겁재를 만나는 것이 양인격陽刃格이다. 양인격羊刃格이라고도 한다.

인은 강한 성질을 갖고 있다. 강한 일간이 월지의 인을 만나는 것이므로 기세가 대단히 강하다. 인이 분수를 넘게 강해지면 흉물이 되므로 사주의 배열이 적당해야 한다.

따라서 위의 세 가지만 양인격을 취한다. 월지의 지지가 겁재라고 해도 다른 명식은 양인격을 취하지 않는다. 음일간인 경우 월지가 인이면 월인격月刃格이라고 하지만, 신경 쓸 필요는 없다. 양인에 대해서는 10장 신살론에서 조금 더 살펴본다.

양인격의 성질

양인은 양일간이 12운성의 제왕의 자리에 있는 것으로, 역량이 최고에 이른 상태다. 길할 경우에는 최고로 길하고, 흉할 경우에는 최고로 흉하다. 양인은 예로부터 불길의 징표로 보아왔다. 양인은 겁재·관살과 충합의 작용을 해서 부귀의 기운을 파괴하므로, 명주는 포악한 성질을 갖는다는 것이다. 하지만 일주가 실지·실세이거나, 무근으로 힘이 없거나, 재다신약·관다신약 등의 경우에는 양인이 보호 작용을 해서 대길의 형세가 된다.

양인격의 사람은 과단성이 있지만, 심성이 메마른 경우가 많다. 양인격은 사주의 구성을 잘 살펴볼 필요가 있다.

신살론

신살론의 의의

신살神煞은 명운에 영향을 미치는 요소의 하나다. 신살神殺이라고도 한
다. 신은 길신을 의미하고, 살은 흉신의 지표다. 길신흉살의 약칭이 신살
이다. 신살은 일반적으로 인생의 부귀빈천을 예시할 수 있다고 본다.

신살론은 천간·지지의 생·극·제·화 및 합충 작용을 보완하는 역할
을 한다. 하지만 신살론은 음양오행의 원리를 이론적으로 체계화한 것
이라기보다 천간·지지의 대응 관계에 기초하여 규정한 추명의 기법으
로 보는 게 낫다. 따라서 신살론의 적용은 간단하며, 적중 여부와는 별
개로 추론도 명료하다고 할 수 있다.

신살론은 고대 천문으로 점을 치며 하늘의 신살과 인간의 운명을 결
합하면서부터 비롯된 것이다. 신살론의 역사가 깊은 만큼, 신살에 대한
이론과 신살의 종류는 매우 많다. 신살의 수는 한때 700여 개에 이르기

도 했다고 하며, 오늘날 사용되는 것만도 100여 가지에 달한다.

12신살

12신살의 산출과 적용

12신살은 일지의 삼합국을 기준으로 연·월·일·시지에 해당하는 신
살을 찾아 적용한다.

12신살 조견표			
살/일지	신·자·진	인·오·술	해·묘·미	사·유·축
겁살	사	해	신	인
재살(수옥살)	오	자	유	묘
천살	미	축	술	진
지살	신	인	해	사
연살(도화살)	유	묘	자	오
월살	술	진	축	미
망신살	해	사	인	신
장성살	자	오	묘	유
반안살	축	미	진	술
역마살	인	신	사	해
육해살	묘	유	오	자
화개살	진	술	미	축

12신살의 특성

겁살

겁살劫煞은 으뜸으로 작용하는 살로, 대살大煞이라고도 한다. 겁은 빼앗긴다는 뜻으로, 외부로부터 일어나는 겁의 작용력이 강하다.

겁살이 있으면, 겁탈당하거나 화를 입는다.

겁살이 있으면, 객지 생활을 하거나 의지력이 약해 억압당하고 속박받는다. 특히 국가 권력에 구속되는 일이 생길 수 있다.

겁살이 있는 지지의 육친에 문제가 생길 수 있다.

겁살이 여럿 있으면, 재액이 일어날 때 흉이 배로 증가한다.

겁살은 흉살이지만, 사주 구성이 좋으면 위기에 전화위복의 계기로 작용할 수도 있다.

재살

재살災煞은 수옥살囚獄煞이라고도 한다. 수옥은 옥에 갇힌다는 말로, 재운이 올 때 특히 조심해야 한다. 재살은 재난·질병·교통사고·횡사·납치·구속·송사 등의 관액을 만날 수 있다는 의미다.

재살이 수에 해당하면, 약물 중독·익사 등 수액을 조심해야 한다.

재살이 화에 해당하면, 분신·폭발·화재를 대비해야 한다.

재살이 금에 해당하면, 총검이나 기계로 인한 사고를 조심해야 한다.

재살이 목에 해당하면, 추락이나 몽둥이 등에 의한 재액을 만날 가능성이 있다.

290

재살을 운에서 만나면, 해외여행을 피하는 것이 좋다. 사고를 만날 가능성이 있다.

재살은 흉살이지만, 사주 구성이 좋을 경우 권력 기관에 종사하기도 한다.

천살

천살天煞은 하늘의 살기를 보는 것으로 태풍·홍수·낙뢰·가뭄 등의 피해와 같은 천재지변을 당한다는 뜻이다. 돌발 사고를 조심해야 할 것이다.

천살 대운에는 중풍·언어장애·암 등 마비성 질환을 조심해야 할 것이다.

지살

지살地煞은 땅의 영향이 크게 작용하는 살이다.

지살은 여행·이사·자리 변동 등의 변화와 이동을 예시하므로, 역마살의 뜻이 포함된다. 하지만 역마살이 능동적이고 적극적인 반면, 지살은 수동적이고 소극적이란 점에서 성격이 다르다.

지살이 여럿 있으면 타향에서 살게 되거나, 객지를 전전하게 되는 경우가 많다.

지살이 오는 해에는 해외여행이나 이사를 하지 않는 게 좋다.

연살

연살年煞은 도화살桃花煞 · 함지살咸池煞 · 욕패살浴敗煞이라고도 한다. 12운성 양포태법의 목욕지에 해당하므로, 음란을 예시한다. 12운성 중 가장 작용력이 크다. 삼합국의 중심 글자로 자 · 오 · 묘 · 유는 모두 도화살로 작용한다고 본다.

연살은 인생으로 보면 사춘기와 같아 색정에 빠져들기 쉽고, 놀기를 좋아하며, 유행과 화려한 색깔에 민감한 특징이 나타난다.

연살은 부부 간에도 작용한다. 부부가 외면하거나, 각각 외도에 빠질 수도 있다.

연살이 있으면 주색과 방탕을 조심해야 하다.

연살은 귀인 · 열부烈婦 · 정녀貞女의 명조에도 많이 나타나므로, 도화살이 있다고 꼭 음란하다고 말할 수는 없다. 역시 사주의 구조를 잘 살펴야 한다.

연살이 연지와 월지에 같이 있으면 장내牆內 도화, 일지와 시지에 같이 있으면 장외牆外 도화라고 한다.

월살

월살月煞은 고초살枯草煞이라고도 한다. 월살은 만물이 윤기를 잃고 말라 죽는다는 의미이니, 매사가 순조롭지 못하며 고갈되거나 위축되는 상황이다.

운에서 월살운을 만나면 신체적 마비 · 사업 부진 · 투자 실패 · 소송

사건 등이 발생할 수 있다.

명조에 월살과 화개가 같이 있으면, 실제 소아마비나 하체에 장애가 생기는 경우가 많다.

망신살

망신살亡身煞은 관부살官符煞이라고도 한다. 주색으로 인하여 망신을 당하게 된다. 각종 재난이 따르고 손재수도 있다.

경거망동·거짓말·시비 등으로 송사나 관재구설에 휘말리기 쉽다.

망신살이 오는 해에는, 건명은 말조심하고 바람피우지 않는 게 좋다.

망신살은 겁살을 만나면 화를 면하기 어렵다. 칠살과 같이 있어도, 부모를 욕되게 하거나 처자식을 괴롭게 만든다.

장성살

장성살將星煞은 말 그대로 국가 보위의 막중한 책임이 있는 장군의 권위를 상징한다. 문무겸전의 거침없는 실권자를 뜻한다. 길신으로, 살이라는 명칭이 어울리지 않는 측면이 있다.

명조에 장성살이 많으면, 건명은 장군이 되거나 부귀를 누린다고 본다. 하지만 곤명은 팔자가 매우 드셀 것으로 본다.

장성살이 공망이 되면 실권이 없어진 것이니, 세상을 도피하는 마음을 갖게 될 수 있다.

반안살

반안살攀鞍煞은 안장살鞍裝煞이라고도 한다. 말안장 위에 앉은 형상이니, 높은 벼슬에 오를 수로 본다. 특히 신강에 일지 반안살이면 명예와 지위가 높아질 가능성이 높다.

상사의 도움과 사랑을 받으며 명리를 취할 수 있다.

허세 부리기를 좋아하는 흠결이 있다.

역마살

역마살驛馬煞은 운송·이동수단인 역마처럼 여기저기로 뛰어다니는 상황을 뜻한다. 삼합국 첫 자와 충되는 글자로, 인·신·사·해는 모두 역마살로 작용한다고 본다.

역마 작용은 먼 거리의 이동·해외여행·이사·이민·해외 취업·물자 운반·운송사업·무역업·해외관광업 등 이동과 관련된 일 모두를 망라한다. 신문·방송·TV·우편 통신·PC 통신·전화·컴퓨터·서적 등의 매스미디어 활동도 역마 작용이다.

역마살이 길신에 해당하면 활동력·임기응변·재주가 뛰어나 영업·사교·외국 등과 좋은 인연이 있다. 운에서 만나면 영전·승진을 할 수도 있다.

역마살이 흉살에 해당하면 평생 분주하기는 하나, 결과와 실속이 없다. 특히, 소년기 역마는 학마살學魔煞로 작용한다. 노년기 역마는 신경통·중풍 등의 질병과 관련이 있다.

역마살이 도화살·망신살과 같이 있으면 색정으로 인한 망신을 조심해야 한다.

12신살과는 관계없지만, 일반적으로 역마살에는 천간의 무·계도 포함된다.

또한 연지·일지 기준의 역마는 진역마로 부르며, 진역마 1개는 국내, 2개는 해외 역마로 본다. 진역마와 가역마가 같이 있으면 모두 진역마로 푼다.

육해살

육해살六害煞은 육액六厄 또는 의지살依支煞이라고도 한다.

육해살이 있으면 그 시기에 몸이 아프거나, 부모·형제 등 육친에 어려움이 생긴다. 관재수도 생길 수 있다.

육해살이 있으면 인덕이 없어 타인의 도움이 없으므로, 혼자서 해결해야 할 것이다. 한 가지 일에 몰두하면 성공할 수 있다.

화개살

화개살華蓋煞은 예술성藝術星·참모성參謀星이라고도 한다. 화개살은 오행 속성상 동정動靜 중에 정, 시중말始中末 중에 말로서 정기를 저장·재생하는 창고와 같은 역할을 하므로 종교와 예술성을 상징한다. 삼합국의 끝 자로 진·술·축·미는 모두 화개살로 작용한다고 본다.

명조에 진·술·축·미 중 3개가 있으면 승려가 될 확률이 있고, 그중 하나라도 충이 되면 가능성이 매우 높다. 운에 충을 만나도 승려가 될 가능성이 높다.

명조 천간에 무토·기토가 있는데 화개살이 강하면, 종교인이 될 가능성이 높다

명조 천간에 병화·정화가 있는데 화개살이 강하면 예술성이 뛰어나다고 본다. 명조 구성에 따라 예술 분야가 아닌 화류계로 나가게 되는 일도 많다.

명조에 화개살이 길신이면 참모나 비서의 도움이 있을 것이다.

다른 길신

천을귀인

천을귀인天乙貴人은 옥당성玉堂星이라고도 한다. 신살 중 최고의 길신이다.

천을귀인이 명조에 있으면, 공명정대하고 지혜가 뛰어나 많은 사람들의 존경을 받게 된다. 천을귀인은 언제나 타인의 도움을 얻을 수 있어 흉사도 무난히 헤쳐나갈 수 있다.

천을귀인은 일간을 중심으로 본다. 일간이 갑·무·경이면 축·미, 일간이 을·기이면 자·신, 일간이 병·정이면 해·유, 일간이 신이면 인·오, 일간이 임·계이면 사·묘가 천을귀인에 해당한다.

진은 천라天羅가 되고 술은 지망地網이 되어, 귀인이 임하지 않는 곳이다.

귀인은 상생과 합을 좋아하여, 간합 또는 지지합이 되면 좋은 일이 많아진다. 또 운에서 귀인을 만나면 좋은 일이 생긴다.

귀인이 여러 개 있으면 남녀 모두 이별수가 있다. 곤명은 화류계로 진출할 수 있다.

식신이 귀인이면 의식이 풍족하며 장수할 수 있다. 곤명은 여식이 성공할 것이다.

상관이 귀인이면 기예에 만능이다. 곤명은 자식이 수재일 것이다.

비겁이 귀인이면 형제·친구·동료의 덕이 있을 것이다.

재성이 귀인이면 처가 현명하며 내조의 공이 크다고 본다. 곤명은 시댁의 덕을 보며, 사업이나 재테크에 능숙해 재산을 축적할 수 있다.

관성이 귀인이면 관직이나 직장에서 능력을 발휘할 수 있다. 자식도 좋을 것이다. 곤명은 좋은 배우자를 만날 수 있다.

인성이 귀인이면 학문에 능할 것이다. 부모가 후덕할 것이다.

천을귀인 표				
일간	갑·무·경	을·기	병·정	신	임·계
천을귀인	축·미	자·신	해·유	인·오	사·묘

삼기성

삼기성三奇星은 천간 3개가 모여 기이한 기운을 발휘하는 길신이다. 삼기성이 있는 명조는 매우 총명하고 재능이 뛰어나며 기이한 것을 좋아하는 성향이 있다.

삼기성은 천상삼기(을·병·정)·지상삼기(갑·무·경)·인중삼기(신·임·계)가 있다. 명조에 천상삼기가 있으면 총명하고 학문에 통달하며, 지상삼기가 있으면 부귀와 장수를 누리며, 인중삼기가 있으면 수재 소리는 듣지만 음란에 빠지기 쉽다.

삼기성은 일간에 한 글자는 있어야 성립된다.

삼기성은 일간부터 시작하여 연간까지 순서대로 되어 있으면 최고 귀격으로 친다.

삼기성은 대운에도 적용된다. 명조에 갑·무만 있는 경우 대운에서 경을 만나면 지상삼기가 되는 것이다.

삼기성 표

종류	천간	성격
천상삼기	을·병·정	총명·학문 통달
지상삼기	갑·무·경	부귀·장수
인중삼기	신·임·계	수재

문창성

문창성文昌星은 해당 오행이 있을 경우, 학문이 뛰어나고 예술 계통에도 재능이 있다는 길신이다. 흉을 길로 변하게도 한다. 풍류를 즐길 줄도 안다.

일간을 기준으로 본다. 하지만 신왕하고 사주 구성이 좋아야 문창성이 작용한다. 신약하거나 형충·공망이 있으면 작용이 사라진다.

또한 명조에 관성과 인성이 있어야 좋다. 관성과 인성이 있어야 국가에서 인정하는 자격으로 국·공립학교나 정부 기관과 인연이 있다. 관성과 인성이 없으면 실력과 달리 무자격자가 될 수도 있고 사립학교나 사설 기관에서 일하게 된다.

문창성 표

일간	갑	을	병	정	무	기	경	신	임	계
문창	사	오	신	유	신	유	해	자	인	묘

천문성

천문성天門星은 묘·술·해·미의 4개 지지를 말한다. 4개 지지 중 하나라도 있으면 천문성을 가졌다고 보지만, 일반적으로 2개 이상이 있어야 작용한다고 본다. 천문성을 가진 명조는 감각적인 능력과 사람을 판단하는 능력이 뛰어나다.

천문성이 있는 명조는 외국에서 생활하면 성공한다. 사람의 생명을 다루는 일에도 매우 적합하다.

천문성이 2개 이상 있으면, 특히 사주에 상관이 있으면, 역술가로 나설 가능성이 있다.

천의성

천의성天醫星은 활인성活人星이라고도 한다. 하늘이 내려준 의사라는 의미 그대로, 천의성이 있는 명조는 생명을 구하는 역할에 맞다. 명조가 잘 구성되어 있으면 의사·한의사·약사·간호사·종교 지도자·교육자·변호사 등의 직업에 적합하다.

월지를 기준으로 월지의 앞 자가 천의성이다. 예를 들어 축월이면 자가 천의성이 된다.

다른 흉살

양인살

양인살은 일간 오행의 기운을 너무 지나치게 해서 악기惡氣나 살기로 변하도록 작용하는 흉살 양인을 말한다. 격국론의 양인격에서도 언급했듯이, 지지의 겁재를 인이라고 하는 이유는 겁재보다 작용력이 강하기 때문이다. 양인살이 양간에서만 작용하는 흉살인 이유도 음간은 천성이 유柔한 까닭이다.

따라서 양인살은 갑 일간에 묘, 병 일간에 오, 무 일간에 오, 경 일간에 유, 임 일간에 자 등 다섯 가지다.

양인살은 명칭이 의미하듯, 칼이나 흉기에 의한 살상이나 형벌·수술 등의 재액을 예고한다고 할 수 있다. 특히 성격이 편중된 사람은 불의의 사고를 조심해야 한다.

하지만 양인살도 사주의 중화가 이뤄졌다면 좋은 쪽으로 작용할 수 있다. 지식과 인품 있는 외과의사는 칼로 생명을 구할 수 있고, 법조계 인사는 사정의 칼날을 휘두를 수 있다. 군인도 무기로 사용할 수 있다. 양인살은 사주 모두에 작용하지만, 일주가 가장 크다.

양인살이 일주에 있으면 남녀 모두 배우자 인연이 박하다고 본다.

귀문관살

귀문관살鬼門關煞은 사주 지지에 자·미, 오·축, 인·유, 묘·신, 진·해, 사·술 원진이나 자·유, 인·미가 있는 경우에 작용하는 흉살이다. 사주에 귀문관살이 있으면 한 가지 일에 집착하고 몰두하는 편집증적 현상이 나타난다고 한다. 신경쇠약·정신이상의 증세나 의처증·의부증에 시달릴 수도 있다.

귀문관살이 있으면 머리가 비상하거나 직관력이 매우 뛰어난 경우가 많다.

귀문관살이 있으면 내부적으로 열등감과 반발심이 공존하는 현상에 따른 문제가 생길 것이다. 화병이나 우울증 등이 생길 수 있다.

귀문관살이 있으면 과거에 집착하는 일이 많다. 병원에 가도 치유되긴 어렵다.

귀문관살은 세운에서도 이뤄진다. 세운에서 이뤄지면 매사 미뤄지는 경향이 있다.

백호살

백호살白虎煞은 갑진·을미·병술·정축·무진·임술·계축 등 7개 간지를 말한다. 사주 어디에나 있어도 작용하지만, 작용력은 일주가 가장 크다. 백호대살이라고도 부르는 이유는 호랑이에게 물려 가는 것과 같이 흉살의 작용이 크기 때문이다.

오늘날에는 불의의 사고·교통사고·산액·예측할 수 없는 흉사·총상·비명횡사·요절·자살·급사·변사 등의 가능성을 예고한다고 본다.

괴강살

괴강살魁罡煞은 무술·경술·경진·임진 등 4개 간지를 말한다. 오늘날에는 무진·임술도 괴강살에 포함시키는 게 일반적이다. 괴강은 귀신의 우두머리라는 뜻으로, 작용력이 크다. 사주에 모두 작용하지만 작용력은 일주·시주·월주·연주 순이다.

사주에 괴강이 있으면, 성정이 우두머리답게 강하고 능력이 대단하다고 본다. 일주가 괴강이면 더욱 그러하다. 자존심이 강하고 고집이 세며, 절대 남에게 굽히지 않는 성향이 있다. 자기중심적이므로 극단적인 면이 있으며, 예측을 불허하는 괴팍한 성질을 갖고 있다고 본다. 명운의 기복이 비교적 클 것이다. 특히 길과 흉이 극단적으로 나타나기도 한다.

괴강은 곤명에게는 흉한 작용을 한다. 여자의 경우 활동성은 좋을 것이지만, 남편이 무능할 확률이 높다. 만일 남편이 사회적으로 잘나간다면 독수공방할 수도 있다. 한마디로 남편 복이 없다고 할 수 있다. 그러나 곤명이 군인·경찰 등 강한 업무 분야에 진출할 경우는 오히려 괜찮다고 본다.

탕화살

탕화살湯火煞은 일지가 인·오·축의 경우에 적용한다. 인일에 태어난 경우 사주 지지에 인·사·신, 오일에 태어난 경우 사주 지지에 진·축·오, 축일에 태어난 경우 사주 지지에 오·술·미가 있을 경우 탕화살이라고 한다. 탕화살은 지지 3개 중 2개 이상이면 작용한다고 본다.

탕화살은 글자 그대로 불이나 뜨거운 물에 데어 큰 상처를 입게 되는 살기가 강한 흉살이다. 대체로 불·교통사고·약·독극물·몸에 열이 나는 병 등을 조심해야 한다.

탕화살 표

일지	인	오	축
탕화살	인·사·신	진·축·오	오·술·미

곡각살 · 현침살

곡각살曲脚煞 · 현침살懸針煞은 천간·지지의 글자 형태를 기반으로 한 흉살이다.

곡각살은 굽어진 다리란 뜻대로, 천간의 구부러진 글자 을乙·기己와 지지의 구부러진 글자 축丑·사巳를 말한다. 곡각살은 사주의 여덟 자 중 구부러진 글자가 3개 이상이면 흉살 작용을 한다고 본다. 일주·월주·

시주·연주가 을사·기축 등과 같이 천간·지지 곡각인 경우나 운에서 곡각 글자를 만나도 곡각살이 작용한다고 본다.

곡각살이 있으면 무릎·허리에 통증이나 문제가 생길 것으로 본다. 근묘화실로 판단해 연주에 곡각살이 있으면 유년 시절 무릎 관리에 조심해야 할 것이다.

현침살은 뾰족한 침이란 뜻대로, 천간의 갑甲·신辛과 지지의 오午·신申·미未를 말한다. 지지의 묘卯는 반현침으로 본다. 현침살은 3개가 있으면 작용력이 크고, 4개 이상이면 부정적 측면이 있다고 본다.

현침살이 있으면 명주는 의사·한의사, 서화가 같이 끝이 날카로운 칼·침·도구 등을 사용하는 분야에 종사하면 좋을 것이다. 하지만 현침살은 수술이나 교통사고를 예고한다고도 본다. 현침살이 있는 명주는 가시 돋친 말로 다른 사람을 아프게 하는 일도 있다. 현침살 과다인 경우는 봉사 활동을 생활화해야 할 것이다.

복음

복음伏吟의 말뜻은 '엎드려 신음한다'는 것이다. 하지만 복은 중복의 의미도 있다. 복음複吟이라고도 한다.

복음은 지지복음·육친복음·조합복음 등 여러 가지가 있지만, 실제로는 사주의 간지가 대운 또는 세운과 같은 경우로만 이해하면 된다.

복음을 만나면 매사 진전이 없거나 공을 이루기 어려워 전전긍긍하게 된다고 푼다. 영향이 심하면 재산을 모두 잃을 수도 있다고 본다. 일반

304

적으로 일주 복음이면 흉이 크다고 한다.

복음은 충으로 해소된다.

삼재

삼재의 의의

삼재三災는 일상에서 익숙하게 사용되는 말이다. 사람은 누구나 12개 지지(생년 띠)를 기준으로 한 12년 중 3년간 주기적으로 재난을 맞게 된다는 이론으로, 이 위험한 시기를 삼재라고 한다. 계절로 보면 혹한기로서 만물의 성장이 멈추는 상태라 할 수 있다. 보통 천재天災·지재地災·인재人災의 기운이 한꺼번에 몰리는 시기라고 하며, 삼재 첫해를 들삼재, 둘째 해를 눌삼재, 셋째 해를 날삼재라고 한다.

삼재의 화는 사업 실패·금전 손실·형액·송사·질병·가족의 우환이나 사망 등이 꼽힌다. 화는 들삼재·눌삼재·날삼재에 따라 차이가 있고, 가족이나 단체 중 삼재에 든 사람이 많을수록 화가 크게 작용한다는 게 일반론이다.

하지만 사주에서 삼재의 적용은 중시되지 않는다. 삼재의 기원이 불투명하고, 효용에 대한 신뢰성도 떨어지기 때문이다.

삼재의 성립

삼재는 사주의 연지를 기준으로 정한다. 연지가 삼합국하는 오행이 12운성의 병病·사死·묘墓에 해당하는 3년이 삼재다.

삼재 표	
연지(생년 띠)	삼재 해
범띠 · 말띠 · 개띠	신 · 유 · 술
뱀띠 · 닭띠 · 소띠	해 · 자 · 축
원숭이띠 · 쥐띠 · 용띠	인 · 묘 · 진
돼지띠 · 토끼띠 · 양띠	사 · 오 · 미

궁성론

`

궁성론의 의의

궁성론宮星論은 사주의 위치에 따라 육친의 궁을 정하고, 그 궁에 어떤 육친성(10성)이 자리하는지를 살펴 여러 가지 길흉을 살펴보는 사주 판단 이론의 하나다.

궁성론은 명칭대로 궁과 성의 관계를 살펴 육친의 길흉·육친 간의 관계·명주의 사회적 활동 등을 파악하는 것이다. 일견 그다지 복잡하지는 않을 성싶지만, 판단하는 방법이 간단하지만은 않다. 궁성론에 관한 이론이 한두 가지가 아니기 때문이다. 궁성론의 명칭에 관계없이, 궁성의 이론에 기초한 사주 판단은 역사적이고 전통적인 것임은 분명하다. 하지만 궁성론은 조선 명리의 기본 이론으로, 우리나라에서 크게 발전한 이론이라는 설도 있다. 대만의 하건충何建忠이 1981년 새로운 궁성 이론을 제시하면서 일반화되었다는 주장도 있다. 궁성론의 다양한 이론은 사주를 풀이하는 방법의 발전적 변화와도 무관하지 않을 것이다.

궁성론은 기본적으로 연주·월주·일주·시주의 궁위를 정하는 방법의 차이에서부터 출발한다. 연주는 조상궁, 월주는 부모궁, 일주는 나와 배우자궁, 시주는 자식궁으로 궁위를 정해 추명하는 방식이 전통적이고 보편적인 방식이다. 하지만 궁위를 전통 방식과 달리 보는 방법이 대두되면서 궁성론은 다양해질 수밖에 없다.

또한 궁위와 10성의 관계를 살펴보는 방법도 여러 갈래로 발전하고 있다. 궁위와 궁위 간 합충 관계로 판단하는 방법, 궁위와 10성의 희기를 별개로 판단해보는 방법, 궁위와 궁위에 자리한 10성의 관계로 풀이하는 방법, 하건충의 궁성 이론 방법 등이 대표적이다.

실제 궁성론은 활용도가 매우 높다. 이론적 바탕이 탄탄한 데 따른 추명 적중도 때문일 것이다. 하지만 궁성론 이론 중 어느 것이 가장 나은지는 선호도에 따라 판단이 다를 것이다.

궁성론의 적용

궁위와 궁위 간 합충 관계

궁위를 연주 조상궁, 월주 부모형제궁, 일주 명주와 배우자궁, 시주 자식궁으로 정하고 사주를 판단하는 것은 아마도 사주명리학 역사와 비슷할 것이다. 궁위 간 상생·상극과 합충 등으로 육친 간의 관계를 분석하는 방법은 궁성론이라는 명칭과는 관계없이 오래전부터 활용되어왔다. 궁위에 자리한 재성·관성 등 10성의 관계, 12운성의 관계, 12신살 등 신살 관계, 공망 관계, 원진 관계 등도 모두 분석의 요소가 된다. 실제 추명에 매우 유용하게 사용된다.

예를 들어 일간과 연간이 합을 하면 조상 덕이 있다고 본다. 일지와 연지의 합도 마찬가지로 본다. 또한 일간과 시간이 합을 하면 자식 덕이 있을 것으로 본다. 일지와 시지의 합도 마찬가지로 본다. 특히 일주와 연주가 천간합과 지지합을 이루는 등 간합·지합이 동시에 이뤄졌다면 덕은 배가될 것으로 본다.

반면 충의 경우는 반대로 판단하게 된다.

천간과 지지의 합충이 교차되었을 경우에는 천간 우선으로 판단한다.

궁위와 육친(10성)의 희기 관계

궁위를 천간과 지지로 구분해서 정하는 방법 역시 역사가 깊고 보편적으로 활용되는 방식이다. 연간은 조부궁, 연지는 조모궁, 월간은 부친궁 겸 형제궁, 월지는 모친궁, 일간은 본인궁, 일지는 배우자궁, 시간은 자식궁, 시지는 자식궁으로 궁위를 정하고 사주를 분석하게 된다.

위치에 따라 육친궁을 정해놓고 육친의 길흉 및 육친 간의 관계를 살펴보는 방법은 대표적으로 두 가지가 있다. 육친궁과 육친성을 별개로 판단하는 방법과 육친궁에 어떤 육친성이 자리하는지를 기초로 판단하는 방법이다.

우선, 육친궁과 육친성을 따로 판단하는 방법은 용신론과 밀접하게 연관되어 있다. 용신을 판단해 육친궁 오행의 희기와 육친성 오행의 희기를 대조해 추명하는 것이다. 육친궁의 희기는 육친의 부귀빈천에 어떻게 대응하는가를 보여주며, 육친성의 희기는 명주와의 관계에서 도움 여부를 설명한다고 본다. 용신을 정확히 찾아야 한다는 전제를 충족해야 하지만, 적용과 판단이 용이하고 명료하다는 점에서 역시 유용하게 사용된다.

예를 들어 조부궁인 연주가 용희신이면 조상과 가업이 좋다고 풀이한다. 만약 부친궁인 월간이나 모친궁인 월지가 용희신이면, 부모가 돈이 있고 가정형편이 좋아 명주의 인생에 도움이 된다고 설명한다. 용신이 왕할수록 도움이 크다고 본다.

또한 모친궁인 월지가 기신이고 모친성인 인성이 용신이면, 모친의 가정 조건은 좋지 않지만 명주와 모친의 관계는 좋고 마음도 통한다고 본다. 모친은 명주를 돕고 싶지만, 마음뿐이지 실제 역량은 없다는 것이다. 반면 모친궁인 월지가 용신이고 모친성인 인성이 기신이면, 부모의 가정 조건은 비교적 좋지만 모친과 명주의 관계는 좋지 않고 부모의 도움도 적다고 판단한다.

일반적 궁위법			
연	월	일	시
조부궁	부친궁 · 형제궁	명주(본인)궁	자식궁
조모궁	모친궁	배우자궁	자식궁

육친궁의 희기와 육친성의 희기에 따른 길흉	
유형	길흉
궁·성 같은 자리	용신은 대길이다. 기신은 대흉이다.
궁길·성길	육친 능력 크다. 명주에게 도움이 된다.
궁길·성흉	흉을 논하지 않는다. 육친 자신의 능력 문제다.
궁흉·성길	육친 능력은 크지 않다. 다만 명주와의 관계는 좋다.
궁흉·성흉	육친 능력이 없다. 명주에게 도움이 안 된다.

궁위와 궁위에 자리한 육친(10성)의 관계

사주팔자의 위치에 따라 육친궁을 정해놓고 육친의 길흉 및 육친 간의 관계를 살펴보는 방법 중 두 번째는 육친궁에 어떤 육친(10성)이 자리하는지를 기초로 판단하는 방법이다.

예를 들어 월간이 비겁이면 희기를 막론하고 극부의 조짐으로, 부친의 일생은 재난이 많을 뿐 아니라 일찍 사망했을 것이다. 월간이 부친궁이기 때문에 부친성인 편재가 있어야 마땅한데, 편재를 극하는 비겁이 자리하고 있으니 부친이 편안하지 못한 것이다.

또한 건명의 일지가 비겁이라면, 희기를 막론하고 혼인 생활이 편치 않다. 건명의 일지는 부인의 궁으로 재성이 있어야 마땅한 것인데, 재성을 극하는 비겁이 자리하고 있으니 부부관계가 원만하지 않다고 보는 것이다. 곤명의 일지가 상관인 경우도 마찬가지다.

새로운 관점의 궁위와 궁위에 자리한 10성의 관계

대만의 하건충이 제시한 궁성론은 건명의 일간(주체)을 경금으로 보고 사주 간지에 들어갈 10성을 정해 궁위를 이론화한 것으로, 새로운 시각이라고 할 수 있다. 궁위를 전통적인 방식 대신 연간 편재궁·연지 정인궁·월간 식신궁·월지 정관궁·일주 주체궁(명주궁)·일지 정재궁·시간 편인궁·시지 상관궁으로 하고 육친을 분석하는 이론이다.

하건충 궁성 이론			
연	월	일	시
편재궁 부친 · 통제	식신궁 사고 · 형제 · 후배/ 딸(곤명)	주체궁 명주	편인궁 계모 · 스승
정인궁 모친 · 종교	정관궁 사회/자식(건명)/ 남편(곤명)	정재궁 재물 · 욕망/ 처첩(건명)	상관궁 언변 · 재능/ 아들(곤명)

참고문헌

구중회, 조선시대 명과학의 실태 분석:《사주명리학 총론》, 공주대 정신과학
　　연구소 편저, 명문당, 2004.

김연재, 역학 연구와 현대적 동향:《사주명리학 총론》, 공주대 정신과학연구
　　소 편저, 명문당, 2004.

박영창, 용신 결정의 방법과 사례 분석:《사주명리학 총론》, 공주대 정신과학
　　연구소 편저, 명문당, 2004.

신경수, 이허중 명리학의 특성과 내용:《사주명리학 총론》, 공주대 정신과학
　　연구소 편저, 명문당, 2004.

김동완,《사주명리학 용신특강》, 동학사, 2006.

박주현, 낭월 사주방 1편, 음양오행편, 인터넷판.

성백효 역주,《주역전의-상》, 전통문화연구회, 1998.

안종선,《명리학 교과서》, 산청, 2014.

안종선,《천간론지지론》, 산청, 2015.

양원석, 백민 명리학개론, 인터넷판.

염정삼,《설문해자주 부수자 역해》, 서울대학교출판부, 2007.

전창선·어윤형,《음양오행으로 가는 길》, 세기, 1998.

민중서림 편집부,《한한대자전》, 민중서림, 2000.

권의경 저, 김은하·권영규 역,《오운육기학해설》, 법인문화사, 2000.

심효첨 저, 김정혜·서소옥·안명순 역,《자평진전》, 이담북스, 2011.

郭木樑,《八字神機妙卦》, 武陵出版有限公社, 2003.

萬民英,《三命通會》, 武陵出版社, 1996.

徐文祺 編著,《圖解 八字》, 西北國際文化, 2014.

徐升 編著,《淵海子平評註》, 武陵出版社, 1996.

王一鵬 編譯,《八字命學常用辭典》, 武陵出版社, 2013.

韋千里,《韋氏命學講義》(新修訂版), 心一堂有限公社, 2015.

韋千里,《精選命理約言》(新修訂版), 心一堂有限公社, 2015.

任鐵樵 增注, 袁樹珊 撰輯,《滴天髓闡微》, 武陵出版有限公社, 1997.

張楠,《命理正宗》, 進源文化事業有限公社, 2012.

명리학 & 풍수 & 식물 & 실용서

술술 풀리는 **명리학 입문 1**
안종선 지음 | 18,000원

운명을 바꾸는 명리 쉽게 배우기
안종선 지음 | 16,000원

술술 풀리는 **사주명리 입문**
안종선 지음 | 16,000원

술술 풀리는 **운세 명리학 입문**
안종선 지음 | 16,000원

우리가 꼭 알아야 할 **음양오행 첫걸음**
안종선 지음 | 18,000원

풍수 수납 운명을 바꾸는 정리
안종선 지음 | 14,000원

풍수 인테리어 운명을 바꾼다 [최신 개정판]
안종선 지음 | 올컬러 | 17,000원

당신의 운명을 읽는 **사주 공부 첫걸음**
윤득헌 지음 | 16,000원

사주풀이 운명을 읽다 [최신 개정판]
윤득헌 지음 | 18,000원

우리가 몰랐던 **우리 차 세계 차의 놀라운 비밀**
최성희 지음 | 올컬러 | 18,000원

실내식물 사람을 살린다 [최신 개정판]
손기철 지음 | 올컬러 | 16,500원

미세먼지 잡는 **공기정화식물 55가지** [최신 개정판]
월버튼 지음 | 김광진 옮김 | 올컬러 | 16,000원

아름다운 생활공간을 위한 **분식물 디자인**
손관화 지음 | 올컬러 | 32,000원

미래를 바꾸는 **탄소 농업**
허북구 지음 | 17,000원

그림으로 쉽게 배우는 **야채재배 첫걸음**
아라이 도시오 지음 | 박성진 편역 | 18,000원

우리 아이 **튼튼 쑥쑥 똑똑**하게 키우기
오재원 지음 | 오승은 그림 | 올컬러 | 27,500원

중앙 생활 사 Joongang Life Publishing Co.
중앙경제평론사│중앙에듀북스 Joongang Economy Publishing Co./Joongang Edubooks Publishing Co.

중앙생활사는 건강한 생활, 행복한 삶을 일군다는 신념 아래 설립된 건강·실용서 전문 출판사로서
치열한 생존경쟁에 심신이 지친 현대인에게 건강과 생활의 지혜를 주는 책을 발간하고 있습니다.

당신의 운명을 읽는 **사주 공부 첫걸음**

초판 1쇄 발행 | 2019년 9월 27일
초판 4쇄 발행 | 2024년 8월 15일

지은이 | 윤득헌(DeukHun Yoon)
펴낸이 | 최점옥(JeomOg Choi)
펴낸곳 | 중앙생활사(Joongang Life Publishing Co.)

대   표 | 김용주
책임편집 | 한 홍
본문디자인 | 박근영

출력 | 삼신문화 종이 | 한솔PNS 인쇄 | 삼신문화 제본 | 은정제책사

잘못된 책은 구입한 서점에서 교환해드립니다.
가격은 표지 뒷면에 있습니다.

ISBN 978-89-6141-239-1(03150)

등록 | 1999년 1월 16일 제2-2730호
주소 | ⌖ 04590 서울시 중구 다산로20길 5(신당4동 340-128) 중앙빌딩
전화 | (02)2253-4463(代) 팩스 | (02)2253-7988
홈페이지 | www.japub.co.kr 블로그 | http://blog.naver.com/japub
네이버 스마트스토어 | https://martstore.naver.com/jaub 이메일 | japub@naver.com
♣ 중앙생활사는 중앙경제평론사·중앙에듀북스와 자매회사입니다.

도서
주문   www.**japub**.co.kr
전화주문 : 02) 2253 - 4463

https://smartstore.naver.com/jaub
네이버 스마트스토어

※ 이 도서의 국립중앙도서관 출판시도서목록(CIP)은 서지정보유통지원시스템 홈페이지(http://seoji.nl.go.kr)와
국가자료공동목록시스템(http://www.nl.go.kr/kolisnet)에서 이용하실 수 있습니다.(CIP제어번호 : CIP2019034815)

중앙생활사/중앙경제평론사/중앙에듀북스에서는 여러분의 소중한 원고를 기다리고 있습니다. 원고 투고는 이메일을
이용해주세요. 최선을 다해 독자들에게 사랑받는 양서로 만들어드리겠습니다. **이메일** | japub@naver.com